खुद को जानें

जीवन का उद्देश्य, अर्थ और सफलता के नियम
JEEVAN KA UDDESHY, ARTH AUR SAPHALATA KE NIYAM

डॉ एस के सचान | पीएच.डी

यह पुस्तक मेरे परिवार और दोस्तों को समर्पित है।

यह मेरे दादा-दादी, पिता और अन्य प्रियजनों को भी समर्पित है जिनका निधन हो गया है। उन्होंने हमेशा मुझे धार्मिकता के मार्ग पर चलने और कर्तव्य, प्रतिबद्धता और समर्पण के साथ आगे बढ़ने की क्षमता प्रदान की है। जब तक हम उनके बारे में नहीं भूले, हमारे मृत वास्तव में कभी मरे नहीं हैं। उनकी प्रशंसा की जानी चाहिए।

क्रम-सूची

प्रस्तावना

इस पुस्तक को आपके साथ साझा करते हुए मुझे अपार प्रसन्नता हो रही है । यह बहुत ही सरल और सरल शैली में लिखा गयी है। यह पुस्तक " खुद को जानें - जीवन का उद्देश्य, अर्थ और सफलता के नियम" सामान्यरूप से उन सभी लोगों के लिए है जो जीवन में उद्देश्य और अर्थ की खोज में रुचि रखते हैं, साथ ही एक उद्देश्यपूर्ण जीवन जीने के लिए सफलता के नियमों के बारे में भी सीखना चाहते हैं। पुस्तक का विषय हमारे आज के जीवन में सभी के लिए सामान्य चिंता का विषय है और इसमें मानव जीवन के सभी पहलुओं को जैसे कि कॉलेजों में, सेना में, काम पर, कार्यस्थलों में, सेना के बाद एक वयोवृद्ध के रूप में, उम्र बढ़ने और सेवानिवृत्ति परिवार के सदस्यों के बीच और समुदाय को भी शामिल किया गया है।

इस लेखन के द्वारा अंतर्निहित चिंता, विचार और प्रतिबिंब को प्रोत्साहित करना है - इससे भी महत्वपूर्ण बात यह है कि आप पाठकों को अपने बारे में सोचने, दुनिया के साथ अपने संबंधों को निखारने और उन अन्य लोगों, जिनका आप रोजाना सामना करते हैं, के बारे में सोचने में मदद मिलेगी।

इस पुस्तक का मुख्य लक्ष्य अवधारणाओं को स्पष्ट और संक्षिप्त तरीके से समझाना है जिससे पाठकों को लाभ होगा। यहाँ मौलिक धारणाओं को व्यवस्थित और स्थिर तरीके से स्थापित किया गया है।

इस पुस्तक को लेखक की इसी विषयवस्तु पर लिखी अंग्रेजी संस्करण से अनुवादित किया गया है। कुछ शब्द कठिन लग सकते हैं, यथा संभव उन्हें अंग्रेजी में भी लिखकर भाषा को सरल बनाने की कोशिश की गई है। आशा है कि पाठकगणों को विषयवस्तु समझनें में आसानी होगी।

पावती (स्वीकृति)

मैं, इस पुस्तक को बनाने में मेरी प्रेरणा, ज्ञान और अन्य मदद के लिए, लोगों के योगदान के लिए व्यक्तिगत रूप से धन्यवाद देना चाहता हूं।

मैं अपने माता-पिता, अपने परिवार, रिश्तेदारों, सहकर्मियों और दोस्तों के प्रति भी आभार व्यक्त करना चाहता हूं, जिनके बिना यह संभव नहीं होता।

अपने परिवार को उनके अंतहीन समर्थन के लिए धन्यवाद देने के बाद, मैं यहां कुछ और लोगों को धन्यवाद देना चाहता हूं। मैं अपने स्कूल के शिक्षकों, प्रोफेसरों, सैन्य सेवा में वरिष्ठ अधिकारियों, सरकार में वरिष्ठों/सहयोगियों का वास्तव में आभारी हूं। सैन्य सेवा और समाज को, उनके समर्थन, सुझाव, मार्गदर्शन, प्रेरणा और समीक्षा के लिए कॉलेज के दिनों और सेवा अवधि सहित एक कर्तव्यपरायण, अनुशासित, समर्पित और उद्देश्यपूर्ण जीवन जीने के लिए, उपर्युक्त सभी धन्यवाद के पात्र हैं जिनके बिना यह कार्य कभी संभव नहीं होता।

जब भी मुझे उनकी जरूरत होती थी, ये लोग हमेशा नई चीजें सीखने में मेरी मदद करने के लिए मौजूद रहते थे। इन लोगों के साथ काम करते हुये मेरे लिए कठिन से कठिन चीजें सीखना बहुत आसान था। क्योंकि उन्होंने न केवल मेरे जीवन कौशल को निखारा, बल्कि मुझे इस वास्तविक दुनिया में जीवन के आयामों के बारे में भी जानकारी दी।

अंत में, मैं तहे दिल से उन सभी दार्शनिकों, लेखकों, ब्लॉगर्स, इंटरनेट मीडिया पर विभिन्न वेबसाइटों, यू ट्यूब चैनलों पर टेडएक्स वार्ता, कौरसेरा एजुकेशन के माध्यम से ऑनलाइन पाठ्यक्रम का भी धन्यवाद करता हूं, जिनके संदर्भ इस पांडुलिपि में उपयोग किए गए हैं।

परिचय

1

परिचय

पुस्तक का शीर्षक, " खुद को जानें - जीवन का उद्देश्य, अर्थ और सफलता के नियम" हमारे आज के जीवन में सभी के लिए सामान्य चिंता का विषय है और यह मानव जीवन के सभी पहलुओं, कॉलेजों में, काम पर, कार्यस्थलों में, सेना में, सेना के बाद एक वयोवृद्ध के रूप में, उम्र बढ़ने और सेवानिवृत्ति को, परिवार के सदस्यों के बीच और समुदाय को शामिल करता है।।

इस लेखन के द्वारा अंतर्निहित चिंता, विचार और प्रतिबिंब को प्रोत्साहित करना है - इससे भी महत्वपूर्ण बात यह है कि आप पाठकों को अपने बारे में सोचने, दुनिया के साथ अपने संबंधों को निखारने और उन अन्य लोगों, जिनका आप रोजाना सामना करते हैं, के बारे में सोचने में मदद मिलेगी।

इस विषय पर विभिन्न स्थानों पर विशेष रूप से दार्शनिक पुस्तकें (पश्चिमी और भारतीय), पत्रिकाएँ, ब्लॉग, इंटरनेट मीडिया आदि पर बहुत सारी सामग्री उपलब्ध है, और यहाँ जो भी लिखा गया है, आप में से अधिकांश जैसे युवा, छात्र, बुजुर्ग और शिक्षाविद पहले से ही अधिकांश चीजों से अवगत हो सकते हैं। लेकिन फिर भी आप एक बार फिर से देख सकते हैं और अपनी यादों को ताज़ा कर सकते हैं। यदि आप पहले से ही अपने उद्देश्य का पता लगा चुके हैं और जीवन के अर्थ को समझ चुके हैं और आप जीवन में सफलता के विभिन्न नियमों से भी अवगत हैं, तब

भी आप अपने जीवन को बदल सकते हैं और फिर इसे और बेहतर बनाने के लिए एक रास्ता खोज सकते हैं। जो लोग अभी तक इसके बारे में नहीं जानते हैं वे भी इसे पढ़ने के बाद एक रास्ता खोज सकते हैं और अपने जीवन, अस्तित्व को उसके अनुसार आकार दे सकते हैं।

मैंने कई स्रोतों से विषयक सामग्री एकत्र करने का प्रयास किया है और एक संक्षिप्त प्रारूप में संकलित किया है। मैं सभी लेखकों, स्तंभकारों, दार्शनिक विचारकों, अस्तित्ववादियों का आभारी हूं (अस्तित्ववाद, एक दार्शनिक सिद्धांत या दृष्टिकोण, जो एक स्वतंत्र और जिम्मेदार एजेंट के रूप में व्यक्ति के अस्तित्व पर जोर देता है, जो उसके कार्यों के माध्यम से अपने स्वयं के विकास का निर्धारण करता है) और अन्य योगदानकर्ता, जिनके शब्दों / कार्यों ने, इस लेख को पढ़ने वाले सभी लोगों के लाभ के लिए, विषय को एक स्थान पर एक साथ लाने के लिए मुझे प्रेरित किया। मैंने अस्तित्ववादियों के विचारों का एक संक्षिप्त विवरण अपनी पिछली पुस्तक " अस्तित्ववाद में मानव स्वतंत्रता और जिम्मेदारी: ईश्वरवादी और नास्तिक अस्तित्ववादी" में मेरी पीएचडी डिग्री के लिए प्रस्तुत की गई थीसिस से भी लिया एवं उल्लेख किया है।

आइए अब मूल प्रश्न से शुरू करते हैं कि यह किसने सोचा, इस विचार की स्थापना किसने की, जीवन में उद्देश्य कैसे खोजा जाए, जीवन का अर्थ कैसे खोजा जाए और अपने आप को एक बेहतर इंसान बनाया जाए, और जीवन में उद्देश्य खोजने में सहायक विभिन्न तरीके कौन से हैं . सफलता के कौन से नियम हैं जो वास्तव में इस दुनिया में एक बहुत ही अनुकूल वातावरण में रहकर एक बहुत ही सुखी, स्वस्थ, शांतिपूर्ण और समृद्ध जीवन जीने में आपकी मदद कर सकते हैं? यह आम धारणा की बात है कि केवल एक ही जीवन है जिसे अत्यंत ईमानदारी के साथ जीना है। चूंकि, मेरे लिए यह विश्वास करना कठिन है कि एक और दुनिया है और इसी जीवन के बाद एक और जीवन है; नतीजतन, व्यक्तिगत रूप से, मैं किसी भी अवतार या पुनर्जन्म में विश्वास नहीं करता, जो इस जीवन या अस्तित्व के बाद समाप्त हो गया है। मृत्यु जीवन का अंत है और जीवन के समाप्त हो जाने के बाद

इसमें से कुछ भी नहीं निकाला जा सकता है। ऐसा कहकर मैं दूसरों की भावनाओं के साथ खिलवाड़ नहीं करना चाहता, जो इन सब बातों में विश्वास रखते हैं जैसा कि ऊपर कहा गया है। हर व्यक्ति अपना जीवन, विश्वास, समझ और धर्म का अभ्यास करने के लिए स्वतंत्र है । लेखक सभी की मौजूदा धार्मिक मान्यताओं का सम्मान करता है। आइए अब हम जीवन के उद्देश्य और अर्थ के साथ-साथ सफलता के नियमों पर लौटते हैं, यदि हम बुद्धिमानी से अभ्यास करें तो मनुष्य के जीवन और जीवन जीने के तरीके में आमूल-चूल परिवर्तन आ सकता है।

तो, अब अगले अध्याय में, जीवन के उद्देश्य और अर्थ के साथ शुरू करते हैं।

जीवन का उद्देश्य और अर्थ क्या है?   What is a purpose and meaning of life?

2

जीवन का उद्देश्य और अर्थ क्यां है?

"जीवन के अर्थ" पर समय की शुरुआत से बहस हुई है, और यह सबसे मौलिक और अंतिम चिंताओं में से एक है जिसने मानवता के सर्वोत्तम दिमागों को युगों से रोमांचित किया है। आत्मविश्वास, खुशी और भलाई के पीछे; "एक सार्थक जीवन जीना अंतिम लक्ष्य प्रतीत होता है"। जीवन के उद्देश्य और अर्थ पर कई और प्रश्न उठाए जा सकते हैं और इन सवालों के जवाब, जितने विविध हैं, सभी तरह से समय की शुरुआत के लिए खोजे जा सकते हैं - हमारे अस्तित्व के कारण, आत्म-सुधार के लिए हमारा लक्ष्य, और निश्चित रूप से धर्म लोगों के लिये "बनाया गया" । "अच्छे जीवन" में क्या शामिल है, क्या यह हमें खुश और संतुष्ट करता है, और हम इस प्रतिष्ठित स्थिति को कैसे प्राप्त कर सकते हैं, इस पर कई अलग-अलग दृष्टिकोण हैं।

यदि आप जीवन के अर्थ के बारे में एक वैज्ञानिक-मान लीजिए एक भौतिक विज्ञानी और एक जीवविज्ञानी से पूछते हैं, तो वे आपको बिग बैंग, ब्रह्मांड की उत्पत्ति और प्रजातियों के विकास के बारे में बताएंगे जहां हम अभी हैं।

लेकिन विकास वह नहीं है जो वास्तव में हमें प्रतिकूल परिस्थितियों में जीने और दृढ़ रहने के लिए प्रेरित करता है, है ना? इसके अलावा भी

बहुत कुछ है। यह हमारे विचार, आत्म-जागरूकता की हमारी भावना, हमारी महत्वाकांक्षाएं, सपने और उद्देश्य हैं जो हमें मानव बनाते हैं।

इसलिए, अपने अस्तित्व के कारणों पर विचार करते समय, अपने मूल्यों, उन्नति, समुदाय, परिवार और, हाँ, प्रजनन पर भी विचार करें।

सबसे पहले और सबसे महत्वपूर्ण, आइए देखें कि इस विषय के बारे में अन्य लेखकों का क्या कहना है। मनोविज्ञान के बारे में लिखने वाली कनाडाई लेखिका / शोधकर्ता एवलिन मारिनॉफ ने निम्नलिखित शीर्षकों के माध्यम से जीवन के उद्देश्य की खोज की है:

• ऐतिहासिक परिप्रेक्ष्य में जीने का अर्थ,

• अपने जीवन का उद्देश्य कैसे खोजें

• अर्थपूर्ण जीवन कैसे जिएं

• आपके जीवन का क्या अर्थ है

• जीवन के अर्थ पर अन्य विचार

ऐतिहासिक परिप्रेक्ष्य में जीने का अर्थ

इससे पहले कि हम अर्थ के इन तत्वों को अनपैक करें, आइए एक कदम पीछे हटें और इतिहास के माध्यम से देखें कि बुद्धिमान लोग जीवन को कैसे उद्देश्यपूर्ण मानते थे।

यूनानी /The Greeks

प्राचीन यूनानियों ने यूडेमोनिया की अवधारणा में विश्वास किया था, जिसका अनुवाद "खुशी" या "कल्याण" के रूप में किया जाता है। सभी महान यूनानी दार्शनिकों - सुकरात, प्लेटो, अरस्तू - का मानना था कि अच्छे जीवन का अर्थ है यूडेमोनिया की स्थिति में रहना।

इसका क्या अर्थ है इसकी व्याख्याएं अलग-अलग हैं। कुछ लोग सोचते थे कि सद्गुणों को प्राप्त करने में उद्देश्य पाया जा सकता है (जैसे आत्मसंयम, साहस, ज्ञान)। [1]

उदाहरण के लिए, अरस्तू का मानना था कि यूडेमोनिया के लिए न केवल एक अच्छे चरित्र की आवश्यकता होती है, बल्कि कार्रवाई करने और उत्कृष्टता प्राप्त करने की भी आवश्यकता होती है। एपिकुरस - एक अन्य प्रमुख ग्रीक - ने अच्छे जीवन को सुख और पीड़ा और पीड़ा से मुक्ति के रूप में समझा।

निंदक (निराशावाद)/Cynicism (Pessimism)

प्रसिद्ध यूनानी विचारधारा का मानना था कि जीवन का अर्थ सद्गुण का जीवन जीना है जो प्रकृति से सहमत है। सुखी जीवन सरल है, उन्होंने सिखाया - संपत्ति से मुक्त, धन, संपत्ति, प्रसिद्ध, या सेक्स की इच्छाओं को अस्वीकार करना। बल्कि, लोगों को कठोर प्रशिक्षण से गुजरना चाहिए और उस तरीके से जीना चाहिए जो उनके लिए सबसे स्वाभाविक है। [2]

वैराग्य/Stoicism

Stoicism एक हेलेनिस्टिक दर्शन स्कूल है जिसकी स्थापना एथेंस में सिटियम के ज़ेनो द्वारा तीसरी शताब्दी ईसा पूर्व की शुरुआत में की गई थी। यह एक व्यक्तिगत यूडेमोनिक पुण्य नैतिकता दर्शन है जो प्राकृतिक दुनिया पर अपने तर्क और दृष्टिकोण से प्रेरित है, यह तर्क देते हुए कि नैतिक जीवन जीने के माध्यम से यूडेमोनिया - संपन्नता - प्राप्त करने के लिए पुण्य अभ्यास दोनों आवश्यक और पर्याप्त है। Stoics ने एक ऐसे जीवन की पहचान की जो मुख्य गुणों का अभ्यास करने और प्रकृति के साथ सद्भाव में रहने के लिए समर्पित जीवन को यूडेमोनिया के रास्ते के रूप में समर्पित करता है।

Stoics विशेष रूप से यह सिखाने के लिए जाने जाते हैं कि मनुष्य के लिए "पुण्य ही एकमात्र अच्छा है", और वे बाहरी चीजें - जैसे स्वास्थ्य, धन और आनंद - अपने आप में अच्छे या बुरे नहीं हैं (एडियाफोरा, एक ग्रीक शब्द जिसका अर्थ है "उदासीन" "), लेकिन "गुण के लिए कार्य करने के लिए सामग्री" के रूप में मूल्य है। अरिस्टोटेलियन नैतिकता के साथ, स्टोइक परंपरा सद्गुण नैतिकता के प्रमुख संस्थापक दृष्टिकोणों में से एक है। स्टोइक्स ने यह भी माना कि कुछ विनाशकारी भावनाएं निर्णय की त्रुटियों के परिणामस्वरूप होती हैं, और उनका मानना है कि लोगों को एक वसीयत बनाए रखने का लक्ष्य रखना चाहिए (जिसे प्रोहेयरेसिस कहा जाता है, एक ग्रीक शब्द जिसका अर्थ है "नैतिक चरित्र", "इच्छा", "पसंद", "इरादा", या "नैतिक पसंद") जो "प्रकृति के अनुसार" है। इस वजह से, स्टॉइक्स ने सोचा कि किसी व्यक्ति के दर्शन का सबसे अच्छा संकेत वह नहीं है जो एक व्यक्ति ने कहा है, बल्कि एक

व्यक्ति का व्यवहार कैसा है। एक अच्छा जीवन जीने के लिए, किसी को प्राकृतिक व्यवस्था के नियमों को समझना होगा क्योंकि उन्हें लगा कि सब कुछ प्रकृति में निहित है।

थीज़्म/Theism

आस्तिक, एक देवता, या भगवान की उपस्थिति में विश्वास करते थे, जो ब्रह्मांड के निर्माण के लिए जिम्मेदार थे। इस प्रकार हमारे जीवन का उद्देश्य ब्रह्मांड को बनाने में ईश्वर के लक्ष्य से जुड़ा है, और यह ईश्वर है जो हमारे अस्तित्व को अर्थ, उद्देश्य और मूल्य देता है। यह वर्तमान धार्मिक अध्ययनों से संबंधित है और हम जो देख या समझ सकते हैं, उसके बाहर हम अर्थ की तलाश कैसे और क्यों करते हैं।

क्योंकि विषय किसी भी अन्य अनुशासन की तुलना में दर्शन से अधिक निकटता से जुड़ा हुआ है जो इन चिंताओं का उत्तर दे सकता है, और क्योंकि इस विषय की जटिलता को देखते हुए, दार्शनिक केवल अधिक गहन फैशन में उनका उत्तर दे सकते हैं, इस पर चर्चा करने का मेरा प्रयास होगा।

अस्तित्ववाद/Existentialism

अस्तित्ववाद एक ऐसा मुद्दा है जो समकालीन दर्शन से उत्पन्न हुआ है। यह डेनमार्क में उत्पन्न हुआ, जर्मनी में विकसित हुआ और फ्रांस में परिपक्व हुआ। यह दर्शन उन सभी दार्शनिक सिद्धांतों का खंडन करता है जिन्होंने दार्शनिक सोच के मुख्य विषय के रूप में बाहरी दुनिया, न कि मनुष्य, को स्वीकार किया है। अस्तित्ववादियों की सोच का केंद्र मनुष्य है और वे इस दुनिया में मौजूद इंसान को अपनी सोच का विषय मानते हैं। यद्यपि सभी अस्तित्ववादियों के दार्शनिक इस विषय पर एक नहीं हैं, लेकिन वे मानव अस्तित्व की चर्चा करते हुए कुछ हद तक सहमत हैं कि (1) मनुष्य स्वतंत्र है (2) और वह मनुष्य स्वयं के लिए जिम्मेदार है।

अस्तित्ववाद 19 वीं शताब्दी में, विचार के एक आंदोलन के रूप में, डेनमार्क के धर्मशास्त्री सोरेन आबे कीर्केगार्ड और अजीब जर्मन प्रतिभा फ्रेडरिक विल्हेम नीत्शे तक अपनी उत्पत्ति के लिए वापस पहुंचता है, लेकिन फ्रांस में इस सदी के चालीसवें और अद्र्धशतक में क्रिस्टलीकृत

हो गया। जर्मनी से अस्तित्ववाद के आने के कई कारण हैं, जहां कार्ल जसपर्स और मार्टिन हाइडेगर ने इसे विकसित किया था, जैसा कि फ्रांस में जेपी सार्त्र और गेब्रियल मार्सेल ने बुद्धिजीवियों के इतने व्यापक स्तर से अपील की थी।[3]

जैसा कि कहा गया है, अस्तित्ववाद एक दर्शन है जो अठारह सौ की शुरुआत में उभरा। इसे परिभाषित या वर्गीकृत करना कठिन है क्योंकि इसकी कोई एकल संगठित अभिव्यक्ति नहीं है। यह वास्तव में एक दार्शनिक दृष्टिकोण है जो ईश्वर के अस्तित्व को स्वीकार किए बिना जीवन में अर्थ खोजने के प्रयास से उभरा है।

जबकि कोई एकवचन अस्तित्ववादी परिप्रेक्ष्य नहीं है, दर्शन विशिष्ट विचारों द्वारा परिभाषित किया गया है। अस्तित्ववादियों के लेखन अक्सर अस्तित्व, परिवर्तन, स्वतंत्रता और आत्म-जागरूकता पर होते हैं। सब कुछ व्यक्तिपरक है, और "होना" "करने" से पहले आता है, मुख्य सिद्धांत के अनुसार जो उन सभी को एक साथ बांधता है।

अस्तित्ववाद नास्तिक है क्योंकि यह एक प्राकृतिक विश्वदृष्टि पर आधारित है। हालांकि, एक धर्मनिरपेक्ष और धार्मिक संस्करण है। हालाँकि, धार्मिक विविधता भी अज्ञेयवादी है। अनिवार्य रूप से, यह केवल धार्मिक शब्दजाल लेता है और अस्तित्ववादी विचारों को प्रतिबिंबित करने के लिए इसे फिर से परिभाषित करता है।

धर्मनिरपेक्ष अस्तित्ववाद/Secular Existentialism

अस्तित्ववाद का धर्मनिरपेक्ष रूप अब तक का सबसे आम है। यह किसी भी धार्मिक स्वर से रहित है। मार्टिन हाइडेगर, कार्ल जैस्पर्स और जीन-पॉल सार्त्र इस समूह के सदस्यों में से हैं। निम्नलिखित कुछ प्राथमिक विषय हैं।

अस्तित्वBeing को तीन श्रेणियों में बांटा गया है: 1) चिंता, 2) अस्तित्व, और 3) मनोदशा। मनुष्य का सार उसका अस्तित्व है।

व्यक्तियों को अपने लिए कई प्रकार के "होने" को चुनने की स्वतंत्रता है।

चिंता/Angst, भय, निराशा, और भविष्य का भय सभी ऐसे शब्द हैं जिनका उपयोग क्रोध का वर्णन करने के लिए किया जाता है। यह डर की

भावना है जो एक व्यक्ति महसूस करता है जब उसे पता चलता है कि उसका अस्तित्व खतरे में है। निराशा की भावना से छोड़े गए शून्य को व्यक्ति के स्वतंत्र रूप से चुने गए विकल्पों से भरना चाहिए।

मृत्यु /Death - मृत्यु के पहले या बाद में कोई अस्तित्व नहीं है (हम पैदा होने से पहले मौजूद नहीं थे। जब हम मरते हैं, हम उस अवस्था में लौट आते हैं) । जो व्यक्ति इस तथ्य को पहचान लेता है, वह मृत्यु की अनिवार्यता को स्वतंत्र रूप से स्वीकार करता है और इस जीवन से परे कुछ भी नहीं चाहता है। उस समय वह अपने अस्तित्व को चुनने के लिए स्वतंत्र हो जाता है और अब भय से बंधा नहीं रहता।

बेतुकापन /Absurdity - जीवन बेतुका है। अगर जीवन का कोई अर्थ होना है, तो व्यक्ति को अपने लिए वह अर्थ बनाना होगा।

स्वायत्तता /Autonomy- भगवान मौजूद नहीं है। एक व्यक्ति को अपने स्वयं के मूल्यों और जीने के तरीके का निर्माण करना चाहिए और परिणाम के लिए किसी और को दोष नहीं देना चाहिए।

स्वतंत्रता/Freedom - मनुष्य को परिभाषित करने के लिए कोई बाहरी इकाई या अधिकार नहीं है। उसे स्वयं को परिभाषित करना चाहिए और ऐसा करने की पूर्ण स्वतंत्रता होनी चाहिए।

सार से पहले का अस्तित्व/Existence Before Essence- मनुष्य, अपनी पसंद से, अपने चरित्र, अपने सार और वह व्यक्ति जो वह बन रहा है, को परिभाषित करता है। उनकी पसंद ही उनका मेकअप तय करती है। मनुष्य मौजूद है, और उस अस्तित्व से वह अपना सार बनाता है।

पूर्ति /Fulfillment- मनुष्य अपनी पूर्ति स्वयं करता है। वह जो चाहे बना सकता है, और ऐसा करने से वह स्वयं निर्धारित करेगा कि क्या तृप्तिदायक है।

उदासीनता (अवसाद) /Forlornness (depression)- यह एक ऐसी स्थिति है जिसमें लोग खुद को तब पाते हैं जब वे समझते हैं कि वे अकेले हैं और उन्हें अपने अस्तित्व का निर्धारण करना चाहिए।

धार्मिक अस्तित्ववाद/Religious Existentialism

धार्मिक अस्तित्ववादियों के पास उनके धर्मनिरपेक्ष समकक्षों के समान वास्तविकता की मूल अवधारणा है।

अपनी व्याख्याओं में, वे केवल "ईश्वर" शब्द और अन्य ईसाई शब्दजाल का उपयोग करने के लिए तैयार हैं। इन लेखकों को पढ़ते समय, ध्यान रखें कि वे ईश्वरविहीन अस्तित्ववादी दर्शन को व्यक्त करने के लिए धार्मिक शब्दों को फिर से परिभाषित करते हैं। अस्तित्वपरक विचार में हर चीज के लिए व्यक्तिपरकता की अवधारणा महत्वपूर्ण है, क्योंकि यह सभी अस्तित्वगत विचारों के लिए है। ईश्वर और अनुग्रह दो मौलिक धार्मिक शब्द हैं जिन्हें अस्तित्ववादी दर्शन के प्रतीक के रूप में संशोधित किया गया है।

ईश्वर, धार्मिक अस्तित्ववादियों के अनुसार, "किसी के होने का मूल," "सभी का आधार," या "किसी की अंतिम चिंता" है। यह एक व्यक्तिगत ईश्वर नहीं है, बल्कि वह अर्थ है जो किसी व्यक्ति की अंतरतम चिंता (क्रोध) से निकलता है।

अनुग्रह को सार्वभौमिक और व्यक्तिगत दोनों के रूप में माना जाता है। यह व्यक्तियों के बीच आगे और पीछे घूमता है। संकट के दौरान, यह व्यक्ति की स्वीकृति की व्यक्तिपरक अनुभूति है।

कार्ल बार्थ, पॉल टिलिच, रूडोल्फ बोल्ट्ज़मैन, सोरेन कीर्कगार्ड और गेब्रियल मार्सेल इस गुट के सबसे प्रसिद्ध सदस्यों में से हैं।

बुनियादी विश्वास और व्यवहार /Basic Beliefs and Practices

छह सामान्य विषय हैं जो आम तौर पर अस्तित्ववादी लेखन में पाए जाते हैं।

1. अनुभव समझ का आधार है - अस्तित्ववादी दर्शन "अस्तित्ववादी" अनुभव से उत्पन्न होता है - जो देखने योग्य या प्रयोगात्मक साक्ष्य पर आधारित होता है। यह अनुभव प्रत्येक व्यक्ति के लिए अद्वितीय है।

2. कोशिश करने और समझने के लिए अस्तित्व सबसे महत्वपूर्ण चीज है - जबकि यह समझना सबसे महत्वपूर्ण चीज है, अक्सर यह समझना काफी मुश्किल होता है कि अस्तित्व शब्द का क्या अर्थ है। अनिवार्य रूप से, यह वही समझा जाता है जो होशपूर्वक मौजूद है। शब्द

की उनकी परिभाषा में, मनुष्य अकेला ही अस्तित्व रखता है।

3. अस्तित्व सार से पहले होता है - अस्तित्ववादियों के कहने के तरीके में अस्तित्व के लिए एक चीज को स्वयं के बारे में जागरूक होना चाहिए।

4. मनुष्य शुद्ध आत्मनिष्ठता है और एक पारलौकिक जीवन प्रक्रिया का हिस्सा नहीं है - कोई भी पारलौकिक प्राणी नहीं है जो मनुष्य के अस्तित्व को अर्थ देता है। मनुष्य जीवन जीने के द्वारा और अपने स्वयं के व्यक्तिपरक जीवन के अनुभव की व्यक्तिगत रूप से व्याख्या करके अपने दम पर अर्थ बनाता है।

5. मनुष्य और उसकी दुनिया के बीच अन्योन्याश्रयता है - एक व्यक्ति अपने आप में और अपने आप में अधूरा है। मनुष्य का स्वभाव उसे पूरी तरह से दुनिया और अन्य लोगों से जोड़ता है।

6. बौद्धिक ज्ञान कम मूल्य का है - सभी अस्तित्ववादी विषय और वस्तु के बीच किसी भी भेद से इनकार करते हैं। उसके कारण, बौद्धिक ज्ञान का बहुत कम मूल्य देखा जाता है। सच्चा ज्ञान बुद्धि से प्राप्त नहीं होता है, बल्कि वास्तविकता का अनुभव करने से होता है।

आवश्यक विश्वास/Essential Beliefs

परमेश्वर/God

ईश्वर की अवधारणा को धर्मनिरपेक्ष अस्तित्ववादियों द्वारा भी नहीं माना जाता है। धार्मिक अस्तित्ववादियों के अनुसार, ईश्वर केवल वह अर्थ है जो जीवन में किसी व्यक्ति की प्राथमिक चिंता से निकलता है। संक्षेप में, किसी भी पारलौकिक अस्तित्व का पूर्ण खंडन है।

पुरुष/Man

मनुष्य का सार यह है कि वह बिल्कुल भी मौजूद है। एक व्यक्ति के सार को कई तरह से परिभाषित किया जा सकता है, और प्रत्येक व्यक्ति को अपनी पहचान खुद चुननी चाहिए।

मोक्ष/Salvation

स्वीकृति की व्यक्तिपरक भावना जिसे कोई संकट के बीच महसूस करता है उसे मोक्ष के रूप में जाना जाता है। पूर्ति तब होती है जब कोई व्यक्ति अपनी निराशा और चिंता की भावनाओं से परे धकेलता है और

अस्तित्व के वास्तविक तथ्य को स्वीकार करता है (कि जीवन व्यर्थ है)।

आस्था फाउंडेशन/Faith Foundation

1. भौतिक वास्तविकता की प्रकृति क्या है और

2. सबसे मौलिक वास्तविकता क्या है? (परम सत्य)

पदार्थ ही एकमात्र ऐसी चीज है जो अस्तित्व में है, और यह चिरस्थायी है, विकसित हो रही है, और प्राकृतिक सिद्धांतों का परिणाम है जो अनिश्चित काल तक काम करते हैं।

3. मनुष्य की परिभाषा क्या है? (इंसानियत)

मनुष्य परिष्कृत जैविक मशीनरी से ज्यादा कुछ नहीं है। वे अरबों वर्षों की विकासवादी प्रक्रियाओं के परिणाम हैं। मनुष्य का सार अपने अस्तित्व के प्रति उसकी चेतना है। एक व्यक्ति को अपने लिए कई प्रकार के "होने" को चुनने की स्वतंत्रता है।

4. किसी व्यक्ति की मृत्यु के बाद उसका क्या होता है? (मृत्यु) जब किसी व्यक्ति की मृत्यु होती है, तो उसका विशेष जीवन रूप गायब हो जाता है।

5. कुछ जानना भी कैसे संभव है? (ज्ञान)

ज्ञान, मानव पशु में विकास के उच्च स्तर का केवल एक उपोत्पाद है।

6. हम कैसे जानते हैं कि क्या सही है और क्या गलत? (नैतिकता)

नैतिकता के किसी भी सिद्धांत को पारलौकिक कारण नहीं कहा जा सकता है। समाज के अस्तित्व और आराम के लिए सबसे अच्छा क्या है यह निर्धारित करने के लिए व्यक्ति या सामाजिक समूह यह तय करते हैं कि क्या सही है और क्या गलत।

7. मानव इतिहास का हिस्सा बनने का क्या अर्थ है? (इतिहास)

इतिहास का कोई महत्व नहीं है। यह केवल घटनाओं का एक कालानुक्रमिक क्रम है जो अतीत से भविष्य की ओर बढ़ता है।

अधिकार/Authority

कोई मान्यता प्राप्त शास्त्र नहीं है, लेकिन ऐसे कई लेखक हैं जो अस्तित्ववाद के विभिन्न रूपों का प्रस्ताव करते हैं।

प्राधिकरण के लिए साक्ष्य/Evidence for the Authority

चूंकि अस्तित्ववाद पूरी तरह से व्यक्तिगत विचारकों के विचारों पर आधारित है, इसलिए इसे कोई मान्यता देने के लिए व्यक्तियों, स्वयं, जो इसे दावा करते हैं, के अलावा कुछ भी नहीं है। उनके दावों का समर्थन करने के लिए कोई बाहरी या अनुभवजन्य साक्ष्य नहीं है। 20वीं शताब्दी के इस दर्शन के अनुसार, सोरेन कीर्केगार्ड, फ्योडोर दोस्तोवस्की, जीन-पॉल सार्त्र और फ्रेडरिक नीत्शे जैसे प्रसिद्ध दिमागों द्वारा समर्थित, सभी मनुष्यों की स्वतंत्र इच्छा है। यह माना जाता है कि प्रत्येक व्यक्ति अपने जीवन को अर्थ देता है, समाज या धर्म को नहीं। इसलिए, हर किसी का उद्देश्य अपनी परिस्थितियों और समझ के लिए अद्वितीय और व्यक्तिपरक होता है। [4]

सीधे शब्दों में कहें तो आपके जीवन का अर्थ वही है जो आप तय करते हैं।

आपके जीवन के लिएअर्थ क्या बनाता है? /What creates meaning to your life?

पूर्वगामी संक्षिप्त ऐतिहासिक दौरे के आधार पर, ऐसा प्रतीत होता है कि जो हमारे अस्तित्व को मूल्य और उद्देश्य देता है उसकी व्याख्या ऐतिहासिक अवधि और विचार के स्कूल के आधार पर बदल जाती है।

हालाँकि, कुछ अचूक समानताएँ और दोहराए जाने वाले विषय हैं। हमारे अस्तित्व के कारण के रूप में खुद से कुछ ऊंचा विकसित होता है, जैसे कि भगवान की इच्छा की सेवा करना या समाज में योगदान देना। यह सब एक ही समय में बारीक होता है क्योंकि यह हमारे विशेष प्रिज्म के माध्यम से फ़िल्टर किया जाता है।

फिर भी, कुछ बुनियादी प्रकार की वस्तुएं हैं जो हमारे जीवन में अर्थ-रचनाकारों के लिए आदर्श उम्मीदवार हो सकती हैं

सामाजिक/Social

चूंकि मनुष्य सामाजिक प्राणी हैं, इसलिए हमें दूसरों से जुड़ने, समूह का हिस्सा बनने, यह महसूस करने की सहज आवश्यकता है कि हम संबंधित हैं, और यह कि हमारे पास कोई ऐसा व्यक्ति है जो हमारी परवाह करता है।

खुशी और जीवन संतुष्टि पर सबसे लंबे अध्ययन [5] के अनुसार, जो 75 वर्षों में फैला है, अच्छा जीवन हमारे रिश्तों की गुणवत्ता में निहित है। "दूसरों के साथ समय," शोध का नेतृत्व करने वाले प्रो. वाल्डिंगर हमें बताते हैं, "हमें जीवन के उतार-चढ़ाव की चोटों से बचाता है।"

लेकिन यह केवल हमारी दोस्ती ही नहीं है जो जीवन को जीने लायक बनाती है। यह हमारे परिवार, बच्चे और भाई-बहन हैं। यह वे सभी लोग हैं जिनके लिए हम प्यार और स्नेह महसूस करते हैं और जो बदले में हमें अपना देते हैं।

उपलब्धि/Achievement

यद्यपि हमारे प्रयासों के परिणाम के लिए पूरी तरह से हमारे मूल्य को बांधने से आत्म-सम्मान की एक अस्थिर भावना पैदा हो सकती है, फिर भी हम चाहते हैं कि हमारी सफलताओं का जाल हमारी असफलताओं से अधिक हो। हम यह महसूस करना चाहते हैं कि हम आगे बढ़ रहे हैं, प्रगति कर रहे हैं और अपने लक्ष्यों को प्राप्त कर रहे हैं।

अध्ययनों से पता चला है कि उपलब्धियां हमारे दैनिक जीवन में अधिक अर्थ लाती हैं। [6]

और यह सुर्खियों का आकर्षण या प्रशंसा की लालसा नहीं होगी जो हमारे अस्तित्व को सही ठहराएगी। क्या मायने रखता है कि हमारे प्रयासों को मान्यता दी जाती है, कि हमारी सराहना की जाती है, और हमें स्वीकार किया जाता है। दूसरे शब्दों में कहें तो, हम चाहते हैं कि हमारी गतिविधियां महत्वपूर्ण हों और उनका प्रभाव हो।

योग्यता, ज्ञान और विशेषज्ञता/Competence, Knowledge and Expertise

ये उद्देश्य-चालक उपलब्धि की अवधारणा से निकटता से जुड़े हुए हैं।

ऑस्ट्रिया के नोबेल पुरस्कार विजेता कोनराड लोरेंज [7], जो अपने लगाव के सिद्धांत के लिए जाने जाते हैं,

"जीवन ही ज्ञान प्राप्त करने की एक प्रक्रिया है।"

हम जो करते हैं उसमें सर्वश्रेष्ठ बनना आज के आत्म-सुधार आंदोलन का एक बड़ा हिस्सा है। यह शायद काइज़ेन और शोकुनिन

की जापानी धारणाओं में सबसे प्रसिद्ध रूप से व्यक्त किया गया है। काइज़न निरंतर सुधार की प्रक्रिया है - सीखने और विशेषज्ञता हासिल करने के माध्यम से, खुद को जीवन के एक तरीके के रूप में बेहतर बनाने के लिए।

शोकुनिन का अर्थ है शिल्पकार। और यह हम जो करते हैं और खुद पर गर्व करने के बारे में है। यह व्यक्तिगत और पेशेवर रूप से बेहतर बनने का अभियान है।

जीवन में अपना उद्देश्य कैसे बनाएं/How to Craft Your Own Purpose in Life

हालांकि, ऊपर बताए गए तीन मानदंडों की तुलना में एक अच्छी तरह से जीने वाले जीवन के कई और रंग और व्याख्याएं हैं।

अपने स्वयं के उद्देश्य और पूर्ति की भावना को खोजने के लिए यहां कुछ और सुझाव दिए गए हैं।

1. इस बात से अवगत रहें कि आपको क्या खुशी मिलती है

यह आपकी रुचियों के साथ-साथ दूसरों के साथ बातचीत करने, पढ़ने, लिखने, यात्रा करने और आकार में बने रहने के लिए आपके अभियान को शामिल करता है। भले ही ये गतिविधियाँ आपको आपके जीवन का एक अर्थ प्रदान न करें, फिर भी वे आपको प्रसन्न और आनंदित करने की क्षमता रखती हैं।

वे हर्षित स्पर्स हैं। आप उन्हें लघु-अर्थ के रूप में सोच सकते हैं, जो समय के साथ, आपके बड़े लक्ष्यों और उद्देश्यों को प्राप्त करने में आपकी सहायता कर सकते हैं।

लेकिन वे फिर भी आपको सुबह बिस्तर से उठने का एक कारण देंगे,

2. प्रजनन

विकासवादी जीव विज्ञान मनुष्य के रूप में हमारे अस्तित्व का सबसे मौलिक कारण प्रकट करता है: निकट भविष्य के लिए मानव जीवन के अस्तित्व को सुनिश्चित करने के लिए। अर्थात, अर्थ हमारे परिजन के जीवित रहने और जारी रहने से निर्धारित होता है।

इस पंक्ति में, जब व्यक्ति चर्चा करते हैं कि जीवन जीने लायक क्या है, तो बच्चे और एक परिवार अक्सर सूची के शीर्ष पर या उसके निकट

होता है। यह हमारे मूल आग्रह के समान है और कोई ऐसा व्यक्ति है जिसके साथ हम अपनी उपलब्धियों को साझा कर सकते हैं।

3. दुनिया में एक छाप छोड़ने की इच्छा

हमारे जीवन की क्षणभंगुरता की समझ के साथ, पीछे छोड़ने के लिए, कुछ सार्थक उत्पादन करने की स्वाभाविक इच्छा आती है।

हम सभी में दूसरों के जीवन पर प्रभाव डालने की क्षमता होती है। आप छोटी शुरुआत कर सकते हैं—जो कुछ भी आपके लिए मायने रखता है—और वहां से निर्माण कर सकते हैं।

उदाहरण के लिए, यदि आप जानवरों को पसंद करते हैं, तो आप एक पिल्ला को गोद ले सकते हैं और उसे एक बेहतर जीवन प्रदान कर सकते हैं। आप स्थानीय खाद्य बैंक में स्वेच्छा से या अपने कचरे को छांटना शुरू करके भी पर्यावरण की मदद कर सकते हैं।

मदर टेरेसा ने कहा है कि, "हम कोई बड़ा काम नहीं कर सकते, लेकिन जबरदस्त प्यार से मामूली चीजें कर सकते हैं।"

सार्थक जीवन जीने के लिए देखभाल महत्वपूर्ण है।

एक सार्थक जीवन कैसे व्यतीत करें/Howto Lead a Meaningful Life

1. दयालु बनें और अपने बारे में परवाह करें

2014 में ब्रिटिश नेशनल हेल्थ सर्विस के शोध के अनुसार, अधिक सार्थक जीवन जीने के लिए हम पाँच कदम उठा सकते हैं: [8]

- समुदाय और परिवार से जुड़ें
- शारीरिक व्यायाम
- आजीवन सीखना
- दूसरों को देना
- अपने आसपास की दुनिया की माइंडफुलनेस

इन सिफारिशों का मतलब यह है कि जो चीज हमारे जीवन में धूप लाती है, वह है खुद की देखभाल करने के तरीके खोजना और वह करना जो हमें अच्छा महसूस कराता है।

हमारे शारीरिक और मानसिक स्वास्थ्य दोनों के लिए देने और ध्यान के लाभों के बारे में आपको समझाने की आवश्यकता नहीं है - ये अच्छी तरह से स्थापित हैं।

दयालु, और दूसरों की मदद करना, वास्तव में, लंबी उम्र बढ़ाने और तनाव और अवसाद को कम करने के लिए विजयी व्यवहार हैं ताकि हम जीवन को उसके सभी रंग में अनुभव कर सकें।

2. अपने आप को उपयोगी बनाएं

एक प्रसिद्ध उद्यमी, लेखक और प्रभावित करने वाले डेरियस फॉरौक्स के अनुसार, जीवन का अर्थ खुशी की तलाश करना नहीं है, बल्कि खुद को उपयोगी बनाना है [9]।

"यह सोचें कि आप क्या कर रहे हैं जिससे फर्क पड़ रहा है"

भौतिक चीजों के माध्यम से खुशी और अर्थ की तलाश करने के बजाय, हमें उपयोगी कार्यों जैसे दूसरों की मदद करने और उन्हें खुश करने के लिए, कुछ बनाने के लिए, में संलग्न होना चाहिए

"आखिरी चीज जो मैं चाहता हूं वह है मेरा मृत्युशय्या पर होना और यह महसूस करना कि मेरे अस्तित्व के शून्य प्रमाण हैं।"

3. दुनिया से जुड़ें

एक अन्य प्रभावशाली व्यक्ति, प्रसिद्ध ब्लॉग "द स्कूल ऑफ लाइफ" के संस्थापक, एलेन डी बॉटन का मानना है कि जीवन का अर्थ तीन गतिविधियों में आता है: [10]

- संचार
- सहमति
- सेवा

उदाहरण के लिए, वह लिखते हैं, "हमारे कुछ सबसे सार्थक क्षण कनेक्शन के उदाहरणों से संबंधित हैं, चाहे वह किसी व्यक्ति, गीत या पुस्तक के लिए हो। यह हमें हमारे अलगाव से बाहर निकालता है। समझ, दुनिया को समझने की हमारी क्षमता है, और सेवा, दूसरों के जीवन को बेहतर बनाने पर काम करना है।

4. शुद्ध मॉडल का प्रयोग करें

अंत में, एक कनाडाई अस्तित्ववादी मनोवैज्ञानिक पीटर वोंग ने व्यक्तियों के लिए अपने जीवन में अर्थ खोजने के लिए शुद्ध के रूप में जाना जाने वाला एक मॉडल P U R E प्रस्तावित किया है: [11]

पी: Purpose उद्देश्य और योग्य लक्ष्य रखना।

यू: Understanding हम कौन हैं और हमारे आस-पास की दुनिया के बारे में **समझना।**

आर: Responsibility हम जिस जीवन को चाहते हैं उसे चुनने और अपने कार्यों और उनके परिणामों के मालिक होने की एकमात्र ज़िम्मेदारी है।

ई: Evaluation मूल्यांकन, यह सुनिश्चित करने के लिए कि हम अपने लक्ष्यों के साथ ट्रैक पर हैं।

ऐसे कई रास्ते हैं जिनका आप पता लगा सकते हैं जो आपको उद्देश्य की भावना लाएंगे। यह सच है कि आप कभी-कभी महसूस कर सकते हैं कि आपके कार्य समुद्र में सिर्फ एक बूंद हैं, कि आप फर्क करने के लिए बहुत छोटे हैं।

लेकिन यह सच नहीं है।

अर्थ अपने और दूसरों के द्वारा अच्छा करने के बारे में, आप में सर्वश्रेष्ठ लाने के बारे में है।

यह सुनने में भले ही अटपटा लगे, लेकिन अगर हम सभी अपने आप को और जिस दुनिया में हम रहते हैं, उसे बेहतर बनाने के लिए प्रतिबद्ध हैं, तो एक बूंद एक लहर में बदल सकती है।

सब कुछ सारांशित करना

हमारे जीवन में अर्थ की खोज संभवतः हम सभी के लिए सबसे शक्तिशाली प्रेरक है। हर चीज के पीछे यही कारण है। और इस प्रश्न का कोई सीधा समाधान नहीं है।

अपनी खुद की जनजाति बनाना, खुद का एक बेहतर संस्करण बनना चाहते हैं, दूसरों की मदद करना और उनकी सेवा करना, और उद्देश्य निर्धारित करना और उन्हें प्राप्त करने का प्रयास करना आपके उद्देश्य को बनाने के कुछ सबसे उल्लेखनीय तरीके हैं।

तथ्य यह है कि उद्देश्य इतना व्यापक शब्द है, जिससे यह ठीक-ठीक पता लगाना मुश्किल हो जाता है कि इसमें क्या शामिल है। हम में से प्रत्येक द्वारा इसे विभिन्न तरीकों से समझा जा सकता है।

शायद, अंत में, जीवन में कोई और केवल अर्थ नहीं है। शायद हमारे उद्देश्य और अस्तित्व को देखने का एक बेहतर तरीका मोज़ेक के रूप में अधिक है। प्रत्येक अनुभव, हमारे जीवन का प्रत्येक पहलू-परिवार, मित्र, उपलब्धियां, मान्यता-एक टुकड़ा बनता है। आपको यह कहने में सक्षम होने के लिए इसे इसकी समग्रता में देखना होगा कि क्या आप उस चित्र से खुश हैं जिसे आपने स्वयं चित्रित किया है।

या, शायद, जैसा कि विक्टर फ्रैंकल ने कहा था:

"जीवन का अर्थ जीवन को अर्थ देना है।"

और हम में से प्रत्येक को यह तय करने की स्वतंत्रता है कि जीवन कब और कैसे सार्थक है।

जीवन में उद्देश्य के विचार के संस्थापक कौन थे?

चौथी शताब्दी ईसा पूर्व में, अरस्तू जीवन के उद्देश्य पर विचार कर रहा था और टेलीऑलॉजी के अपने सिद्धांत को विकसित कर रहा था, या यह विचार कि जीवन में हर चीज का उद्देश्य होता है। आज की तेज़-तर्रार, तकनीक से भरी दुनिया में जहाँ हमें एक साथ कई दिशाओं में खींचा जा रहा है, अपने उद्देश्य को खोजना पहले से कहीं अधिक महत्वपूर्ण लगता है।

अपने जीवन में अपना उद्देश्य कैसे खोजें?

यही जीवन है: अपने मिशन की खोज करना और उसे जीना। आपको क्या प्रेरित करता है, आपको सुबह बिस्तर से क्या उठाता है, और जो आपको ऊर्जा देता है वह आपका मिशन है। यदि आप अपने जीवन के साथ केवल एक ही काम करते हैं, तो एक सार्थक अस्तित्व के पुरस्कारों का आनंद लेने के लिए अपने पूरे दिल से अपने उद्देश्य की तलाश करें!

मुझे अपने जीवन में उद्देश्य की कोई समझ क्यों नहीं है?

जब लोगों को लगता है कि उनके जीवन में दिशा या उद्देश्य की कोई समझ नहीं है, तो ऐसा इसलिए है क्योंकि वे नहीं जानते कि उनके लिए क्या मायने रखता है या उनके मूल्य क्या हैं। और यदि आप नहीं जानते

कि आपके मूल्य क्या हैं, तो आप अनिवार्य रूप से अन्य लोगों के मूल्यों को अपना रहे हैं और अपने स्वयं के बजाय अन्य लोगों के लक्ष्यों को प्राथमिकता दे रहे हैं।

जीवन में अपना उद्देश्य खोजने के विभिन्न तरीके

एक सार्थक, दीर्घकालिक उद्देश्य रखना आपके स्वास्थ्य के लिए फायदेमंद है। यहां आप एक की तलाश कर सकते हैं।

क्या आपने कभी सवाल किया है कि आप यहाँ क्यों हैं? आप जानते हैं, जैसे अपने जीवन का अर्थ या उद्देश्य कैसे खोजना है? आप इस धरती पर पहले स्थान पर क्यों हैं?

ये शायद सबसे सूक्ष्म, फिर भी महत्वपूर्ण प्रश्न हैं, जो लोग खुद से दैनिक आधार पर पूछते हैं, और मुझे यकीन है कि उतने ही विविध उत्तर हैं जितने लोग उनसे पूछ रहे हैं।

यही कारण है कि, अपने आप से यह पूछने के बजाय कि आप यहां क्यों हैं और आपको क्या करना चाहिए, आइए हम आपके अनुभवों को आपके प्रश्नों के उत्तर देकर और कुछ अर्थों को पुन: प्रस्तुत करके शुरू करें और अपने जीवन में और उठें।

1. खुशी का पाठ सीखें

आपने शायद इसे पहले सुना होगा, लेकिन खुशी एक निर्णय है। हां, और सौभाग्य से, कोई भी इसका अभ्यास कर सकता है क्योंकि सच्चाई यह है कि आप वास्तव में जो सिखाया गया था उसे ओवरराइड कर सकते हैं, जो कि बाकी दुनिया के साथ खेलना और उत्तेजित या उदास होना था क्योंकि चीजें आदर्श नहीं हैं।

ठीक है, मैं यह नहीं कह रहा हूं कि आपको लगातार एक भ्रमपूर्ण मुस्कान पहननी चाहिए (लोग सोचेंगे कि आप पागल हैं), लेकिन आपको उन समस्याओं से निपटने के लिए शांत और आनंदित रहना चाहिए, जिन पर आपका ध्यान देने की आवश्यकता है।

2. अपने उपहारों और प्रतिभाओं का पालन करें

अपनी ताकत और प्रतिभा की खोज करने से आपको अपना उद्देश्य खोजने और अपने जीवन में अर्थ जोड़ने में मदद मिल सकती है। यहां कुछ प्रश्न दिए गए हैं जिनकी सहायता से आप यह पता लगा सकते हैं

कि आपके पास कौन सी अंतर्निहित प्रतिभाएं और उपहार हैं:

ऐसा क्या है जिसमें आप स्वाभाविक रूप से अच्छे हैं?

आपको कब लगता है कि आप अपना सर्वश्रेष्ठ प्रदर्शन कर रहे हैं?

तो, आप अभी क्या कर रहे हैं या क्या कर रहे हैं?

आप किस तरह से दूसरों की मदद करना पसंद करते हैं?

3. महान संबंध बनाएं

ऐसे लोगों के साथ समय बिताएं जो आपके जीवन को बेहतर बनाते हैं और आपको ऊपर उठाते हैं। इसमें दोस्तों से लेकर सहकर्मियों तक सभी शामिल हो सकते हैं।

ऐसे लोगों के साथ कम समय बिताएं जो आपकी ऊर्जा को बर्बाद करते हैं या आपको हर समय खराब वाइब्स देते हैं। "आप उन पांच व्यक्तियों के औसत हैं जिनके साथ आप सबसे अधिक समय बिताते हैं,"

जिम रोहन कहते हैं।

"लोगों की संगति में रहते हुए आप कैसा महसूस करते हैं, इस पर ध्यान देना शुरू करें"। (आपका मूड सुखद होना चाहिए।)

4. लक्ष्य निर्धारण

यदि आप चाहते हैं कि आपके जीवन का अर्थ हो, तो आपको एक योजना बनानी होगी। सप्ताह के बाकी दिनों के लिए लक्ष्य बनाने के लिए आपको हर सोमवार को पांच घंटे बैठने की ज़रूरत नहीं है, जिसे पूरा करने में आप लगभग निश्चित रूप से असफल होंगे—कृपया अपने साथ ऐसा न करें!

लक्ष्य रखें, फिर भी, और उन तक पहुँचने के लिए एक रणनीति। यह ऐसा कुछ नहीं होना चाहिए जिसे करने से आपको घृणा हो, बल्कि उन उपलब्धियों की एक सूची होनी चाहिए जिन्हें आप अपने जीवन में देखना चाहते हैं और उन्हें लिखकर उन्हें प्राप्त करने की योजना बनाएं। फिर, सबसे महत्वपूर्ण बात, इसके बारे में कुछ करें।

सकारात्मक और शक्तिशाली मानसिकता विकसित करने के लिए इन सरल चरणों का पालन करके अपने आशावाद को पुनः प्राप्त करना और अपने जीवन को पटरी पर लाना सीखें।

क्या आप लक्ष्य निर्धारित करने के लिए कुछ प्रेरणा की तलाश में हैं?

5. दूसरों की मदद करें

दूसरों को वापस देना आपको अच्छा महसूस कराता है, आपको योग्य महसूस कराता है और आपको उद्देश्य की भावना देता है। दूसरों को समय, धन या किसी अन्य प्रकार की सहायता के रूप में देना स्वयं को जीवन में अर्थ देने का एक निश्चित तरीका है।

तो, यहाँ प्रश्न है: क्या आप किसी ऐसे व्यक्ति को जानते हैं जो भविष्य में आपकी सहायता करने में सक्षम हो सकता है?

6. कुछ अलग करें

क्यों न आप किसी संग्रहालय में जाएँ, अपने गृहनगर के किसी पॉश होटल में दोपहर का भोजन करें, या घर पर अपने आप को लाड़-प्यार करने में दिन बिताएँ? आप शायद अपनी दिनचर्या में इतने तल्लीन हैं कि आपको लगता है कि आपके पास इसके लिए समय नहीं है।

कुछ असामान्य करना जीवन के 'करने' के पैटर्न को बाधित करता है और आपको दिनचर्या से ब्रेक लेने और यह महसूस करने की अनुमति देता है कि आप जीवन के कुछ सबसे सार्थक क्षणों को खो रहे हैं।

7. टीवी/स्मार्टफोन देखना छोड़ दें

गंभीरता से, मैं आपको चुनौती देता हूं कि आप बिना टीवी देखे या अपने फोन का उपयोग किए बिना एक सप्ताह बिताएं, खासकर यदि आपको समाचार के बिना रहना मुश्किल लगता है। आप अपने जीवन में एक अंतर देखेंगे, और आप यह समझना शुरू कर देंगे कि टीवी/स्मार्टफोन कितना मोहक है, साथ ही साथ यह पूरी तरह से नकारात्मक चित्रण करता है।

क्या आप अपने जीवन में महत्व को फिर से खोजना चाहते हैं? फिर टीवी/फोन बंद कर दें और अपने समय के साथ कुछ सार्थक करें। सरल!

8. कुछ ऐसा करें जो आप हमेशा से करना चाहते हैं

चरण 1। अपनी 'चीज' को पहचानें।

चरण 2। जाओ ये करो।

यदि यह अभी आपके लिए असंभव दो-चरणीय प्रक्रिया है, तो इसे पूरा करने के लिए जो कुछ भी करना होगा, उसे बचाने, सीखने या करने

की दिशा में काम करना शुरू करें। लेकिन अपना पहला कदम उठाओ!

9. अपना उद्देश्य खोजें

मेरी राय में, अपने उद्देश्य को खोजना, जीवन में सबसे अधिक मुक्तिदायक चीजों में से एक है। यह आपको अपने जीवन में आवश्यक सभी महत्व प्रदान करेगा। यही जीवन है: अपने मिशन की खोज करना और उसे जीना।

उद्देश्य हमारे जीवन को कैसे व्यवस्थित करता है? How purpose organizes our life?

3

उद्देश्य हमारे जीवन को कैसे व्यवस्थित करता है?

अध्याय 2 में जीवन में उद्देश्य और अर्थ खोजने की उपरोक्त चर्चा के अलावा, मैं मिशिगन विश्वविद्यालय के स्कूल ऑफ पब्लिक हेल्थ के डॉ विक्टर स्ट्रेचर [1] द्वारा दिए गए एक व्याख्यान [ऑडियो, वीडियो और क्लास रूम आन -लाइन व्याख्यान] को भी उद्धृत करना चाहूंगा जो उनकी पुस्तक "लाइफ ऑन पर्पज" पर आधारित है, जिसने मिशिगन विश्वविद्यालय में "फाइंडिंग ए पर्पज एंड मीनिंग इन लाइफ: लिविंग ऑन व्हाट मैटर्स मोस्ट" पर एक प्रमाणन पाठ्यक्रम लेते समय मुझे सबसे अधिक प्रभावित किया है। ऑडियो, वीडियो और क्लास रूम ऑनलाइन व्याख्यान के माध्यम से अपनी प्रस्तुति के दौरान, उन्होंने कई अस्तित्ववादी दार्शनिकों को उद्धृत किया जो " अस्तित्ववाद में मानव स्वतंत्रता और उत्तरदायित्व" पर मेरी पीएचडी थीसिस का हिस्सा थे। उन्होंने विभिन्न गतिविधियों, अभ्यासों की मदद से अवधारणा की व्याख्या की है और वेंट्रल मेडियल प्रीफ्रंटल कॉर्टेक्स में रक्त प्रवाह को मापकर जीवन के अर्थ और उद्देश्य को निर्धारित करने के लिए एमआरआई तकनीक के साथ कई वैज्ञानिक शोध भी किए हैं। वेंट्रल

मेडियल प्रीफ्रंटल कॉर्टेक्स (सेरेब्रल गोलाद्धों के नीचे स्थित लोब और जोखिम और भय के प्रसंस्करण में शामिल है, क्योंकि यह मनुष्यों में एमिग्डाला गतिविधि के नियमन में महत्वपूर्ण है। यह भावनात्मक प्रतिक्रियाओं के निषेध में और निर्णय की प्रक्रिया में भी भूमिका निभाता है।) और अमिगडाला (एमिग्डाला मस्तिष्क के टेम्पोरल लोब में स्थित एक छोटी संरचना है। यह भावना और स्मृति में एक महत्वपूर्ण भूमिका निभाता है। मस्तिष्क में दो अमिगडाला होते हैं। एक दायें गोलार्ध में है और दूसरा है बाएं गोलार्ध में। एमिग्डाला लिम्बिक सिस्टम का हिस्सा है)। यदि मैं इस पुस्तक में ऐसे तत्वों का उल्लेख नहीं करता हूँ तो यह सभी के लिए अहितकारी होगा और वे इस महत्वपूर्ण जानकारी से वंचित रह जायेंगे।

इसलिए, उद्देश्यपूर्ण जीवन में आपका स्वागत है, जहां वह करना जो सबसे ज्यादा मायने रखता है वह सब कुछ बदल देता है। हम इस बात पर चर्चा करेंगे कि जीवन में एक उद्देश्य और अर्थ का क्या अर्थ है और कैसे उद्देश्य हमारे जीवन को दार्शनिक और वैज्ञानिक दोनों दृष्टिकोण से व्यवस्थित करता है। हम यह भी चर्चा करेंगे कि उद्देश्य वास्तविक दुनिया में हमारे जीवन को कैसे प्रभावित करता है और यह जानेंगे कि कॉलेज में होने से लेकर बहुत अलग परिस्थितियों में उद्देश्य कैसे काम करता है (लेखक ने बैचलर ऑफ साइंस (जीवविज्ञान), बैचलर ऑफ एजुकेशन, राजनीति विज्ञान में मास्टर्स ऑफ आर्ट्स, अंग्रेजी साहित्य, दर्शनशास्त्र पूरा किया है और दर्शनशास्त्र में पीएचडी), काम पर होने के लिए (लेखक ने भारत सरकार के तहत भारतीय आयुध कारखानों में सेवा की), सेना में होने के नाते (लेखक ने भारतीय वायु सेना की सेवा की), उम्र बढ़ने और सेवानिवृत्ति (अब, लेखक एक एयर वेटरन/ पेंशनभोगी), और वास्तविक जीवन में कई अन्य स्थितियों जैसे परिवार और समुदाय (लेखक का अपना परिवार है।) तो आइए इस विषय के सामान्य सिद्धांतों के साथ शुरू करते हैं। सबसे पहले, हम बहुत सारे विज्ञान का उपयोग करने जा रहे हैं, लेकिन हम दर्शनशास्त्र के बारे में भी बात करने जा रहे हैं। प्रारंभ में, हम उचित मात्रा में दर्शनशास्त्र को कवर करने जा रहे हैं। हम कुछ प्राचीन दर्शन सहित, इस सारे

दर्शन को क्यों शामिल करते हैं? सरल, क्योंकि, दर्शन, शब्द "दर्शन" ग्रीक शब्द φιλοσοφία (Philosophy=Philo+sophia/दार्शनिक) से उत्पन्न हुआ है। "फिलो" का अर्थ है प्यार करना और "सोफिया" का अर्थ है ज्ञान। वस्तुतः दर्शन का अर्थ है ज्ञान का प्रेम। इस मामले में दर्शन वास्तव में हमारे विज्ञान को फ्रेम करता है। दर्शनशास्त्र को विज्ञान का विज्ञान भी कहा जाता है। और यही कारण है कि आज भी किसी भी विषय में सभी डॉक्टरेट की डिग्री यानी पीएचडी को डॉक्टर ऑफ फिलॉसफी यानी विज्ञान, गणित, भौतिकी और रसायन विज्ञान आदि में पीएचडी के रूप में सम्मानित किया जाता है। इसलिए दर्शनशास्त्र की कुछ गहराई होना वास्तव में महत्वपूर्ण है और उसके बारे में कुछ आश्चर्यजनक सोच, और किस वजह से हम अब विज्ञान के बारे में सोचते हैं। इसके अलावा, यह हमारा प्रयास होना चाहिए और हमें दुनिया को रहने के लिए एक बेहतर जगह बनाने के लिए हर तरह से प्रयास करना चाहिए। मैं वास्तव में विश्वास करता हूं कि यदि आप अपने जीवन में एक बेहतर उद्देश्य स्थापित करना शुरू करते हैं, और यदि आप ऐसा करने में दूसरों की सहायता करते हैं, तो हम एक बेहतर दुनिया में रहेंगे। सच कहूं तो, हमारी दुनिया अपना अर्थ खो रही है, और हम सभी को जलवायु परिवर्तन, प्रदूषण (विशेष रूप से हवा और पानी), और विभिन्न घातक बीमारियों जैसे कि कोविड -19 जैसे विभिन्न मुद्दों से संबंधित अपने उद्देश्य को खोने के बारे में चिंतित होना चाहिए; कोरोना और इसके विभिन्न रूप, डेल्टा और ओमीक्रोन जैसे कुछ नाम, जिन्होंने हाल ही में लाखों लोगों के जीवन को नष्ट किया है और अभी भी नष्ट कर रहे हैं, या दुनिया में कई अन्य चीजों के बारे में, और मैं सही मानता हूं कि प्रत्येक निवासी के जीवन को बेहतर बनाने के लिए हमें अधिक से अधिक और जीवन उद्देश्य का निर्माण शुरू करने की आवश्यकता है।

आत्म-पुष्टि उद्देश्य और उद्देश्यपूर्ण होने के लिए एक महत्वपूर्ण और निकट से संबंधित अवधारणा है, क्योंकि आपके पास एक लक्ष्य हो सकता है लेकिन उद्देश्यपूर्ण नहीं हो सकता है। उद्देश्य के बिना उद्देश्यपूर्ण होना कठिन है; इसलिए हम उद्देश्य के कुछ प्रमुख घटकों को देखेंगे जो दार्शनिक विषयों से संबंधित हैं, उद्देश्य के विज्ञान को

तैयार करने के लिए आवश्यक पृष्ठभूमि, साथ ही साथ इन विचारों को तार्किक तरीके से व्यवस्थित करने का प्रयास करेंगे। तो, सबसे पहले और सबसे महत्वपूर्ण, जीवन का उद्देश्य क्या है? जीवन का उद्देश्य एक केंद्रीय आत्म-संगठित जीवन लक्ष्य है। और इसके दो उप घटक हैं। केंद्रीय आत्म-संगठित जीवन लक्ष्य के द्वारा, यह व्यक्ति के स्वयं का एक प्रमुख विषय है। और यह एक विशेष दिशा में और विशेष लक्ष्यों की ओर संसाधनों को समर्पित करने के इरादे को भी प्रेरित करता है।

आत्म-विश्लेषण एक बहुत ही सार्थक आदत है जो दूसरे शब्दों में स्वयं को परखने में मदद करती है, व्यक्ति को अपने व्यक्तित्व को सत्यापित करने के लिए मजबूर करती है। यह स्वयं के दोषों और उसके जीवन में अपवादों को खोजने में मदद करता है। जब कोई अपनी गलतियों को खोजने की कोशिश करता है, तो इसके दो फायदे होते हैं। सबसे पहले, कोई व्यक्ति स्वयं में कमियां ढूंढ सकता है और उन्हें दूर करने का प्रयास कर सकता है और इससे किसी के दिमाग को स्वयं के बारे में सोचने में मदद मिलती है। दूसरे, यह उस समय की अधिकांश बचत करता है जो किसी ने दूसरों की गलतियों को खोजने में बर्बाद किया है। हर समय व्यक्ति अपने बारे में सोचने में व्यस्त रहेगा और अंततः उसके पास दूसरों के बारे में सोचने का समय नहीं होगा। तो आत्म-विश्लेषण किसी की मानसिकता को विकसित करने में मदद करता है; और न केवल व्यक्तित्व को सुधारने में मदद करता है बल्कि जीवन में उद्देश्य खोजने में भी मदद करता है।

आइए पहले महत्वपूर्ण बिंदु से शुरू करें, जो बताता है कि यह एक व्यक्ति के जीवन में एक प्रमुख विषय है। यह इस तथ्य से संबंधित है कि यह महत्वपूर्ण और एक जीवन लक्ष्य है। तो आप कौन हैं? क्या हम वास्तव में यही नहीं पूछ रहे हैं? आपके जीवन का केंद्रीय विषय क्या है? तुम क्या हो, तुम कौन हो? वे अत्यंत आवश्यक विचार हैं। मैं एक विषय की अवधारणा के साथ शुरुआत करना चाहता हूं। थीम से आप वास्तव में क्या समझते हैं? यहाँ मेरा मतलब विषय से है: हमारे पास कस्टम-निर्मित थीम रंग हो सकते हैं। हम हाल ही में एक नए घर में चले गए हैं और इसे एक निश्चित रंग योजना में रंगना चाहते हैं। खैर, आप किस

प्रकार के विषयगत रंग चाहते हैं, चित्रकार पूछेगा कि आप किस प्रकार के विषयगत रंग चाहते हैं? और आपने अपनी पसंद के अनुसार उपलब्ध लाखों रंगों में से एक ही रंग चुना है। अंत में, जब काम समाप्त हो जाता है, तो यह स्पष्ट हो जाता है कि कैसे एक स्वाद की बाधा ने सब कुछ बड़ा और छोटा बना दिया। फ्रेडरिक नीत्शे 1800 के दशक के मध्य में एक दार्शनिक थे, जो पूरे अस्तित्ववादी दर्शन आंदोलन के लिए बहुत प्रभावशाली थे। और यह एक दिलचस्प बात है; वे कहते हैं कि मूल रूप से, एक ही स्वाद या एक विषय है जो अन्य चीजों को नियंत्रित करना शुरू कर देता है। और जब वह कहता है कि कार्य समाप्त हो गया है, तो वह वास्तव में आपके उद्देश्य के बारे में बात कर रहा है।

तो हम बहस कर रहे हैं, "मैं कौन हूँ?" मैं किस बारे में हूँ? प्रश्न का उत्तर जानने के लिए, डॉ विक्टर स्ट्रेचर हमें यह पता लगाने में मदद करने के लिए एक छोटी गतिविधि देते है कि हम कौन हैं। वह कहते हैं, जब आप अपने सर्वश्रेष्ठ में होते हैं, तो आप अपने बारे में सोच रहे होते हैं। इसलिए उनका मानना है कि हम सभी के पास ऐसे समय होते हैं जब हम अपना सर्वश्रेष्ठ महसूस करते हैं और हम सबसे अच्छे होते हैं, और फिर ऐसे समय होते हैं जब हम नहीं होते हैं। उनका मानना है कि हम सभी के पास वे क्षण होते हैं, और कुछ समय या तरीके होते हैं जिन्हें हम अपने सबसे अच्छे रूप में थोड़ा और अधिक बार देख सकते हैं। एक उद्देश्य होने का एक लाभ यह है कि यह आपको अधिक बार अपना सर्वश्रेष्ठ स्वयं बनने के लिए प्रेरित करता है। तो यह सोचने का एक शानदार तरीका है कि आप कौन हैं और आपके लिए क्या महत्वपूर्ण है। तो यहाँ अपना सर्वश्रेष्ठ स्वयं होने के विभिन्न तरीकों का एक समूह है। क्या आप प्यार करते हैं, उदाहरण के लिए? क्या आप उदार हैं? क्या आप स्वस्थ हैं? क्या आप मजाकिया हैं? इस बारे में सोचें कि जब आप अपना सर्वश्रेष्ठ प्रदर्शन करते हैं तो आप क्या पसंद करते हैं। क्या आप सुपर एक्टिव हैं? क्या आप जुड़े हुए हैं? क्या आप सहानुभूतिपूर्ण हैं? क्या आप साहसी हैं? आइए कुछ अन्य सर्वोत्तम आत्म विशेषताओं की सूची देखें। क्या आप आभारी हैं? क्या आप भरोसेमंद हैं? क्या आप खुश हो? क्या आप शांत, लचीला हैं? क्या आप ऊर्जावान या मेहनती हैं, लगे हुए

हैं? क्या आप समुदाय-दिमाग वाले हैं? क्या आप परवाह करते हैं जब आप अपने सबसे अच्छे रूप में होते हैं? जब आप अपना सर्वश्रेष्ठ प्रदर्शन करते हैं तो क्या आप संतुलित होते हैं? क्या आप सहायक या उदार, या रचनात्मक या धैर्यवान हैं? क्या आप बढ़ रहे हैं या आशावादी हैं? क्या आप होश में हैं? ये सभी चीजें इस बात से संबंधित हैं कि जब आप अपने सबसे अच्छे रूप में होते हैं तो आप क्या हो सकते हैं। अगर आपको इनमें से दो, या तीन या तो चुनना पड़े, तो आप क्या चुनेंगे? जब आप अपना सर्वश्रेष्ठ प्रदर्शन करते हैं तो आप कैसे होते हैं? यह अक्सर पूछने का शुरुआती बिंदु बन जाता है कि मैं कौन हूं? क्योंकि हम नहीं चाहते कि आप वह बनें जो आप अपने सबसे बुरे समय में हैं, हम चाहते हैं कि जब आप अपने सबसे अच्छे रूप में हों, तो आप वही बनें, क्योंकि यही आपका वास्तविक स्व, आपकी आकांक्षा स्वयं हो सकती है। तो मैं चुन सकता हूं, "ओह, जब मैं अपने सर्वश्रेष्ठ प्रदर्शन पर हूं, मैं शांत हूं, और मैं लचीला हूं।" तो अब यह स्पष्ट हो गया है कि जीवन में उद्देश्य एक केंद्रीय आत्म-संगठित जीवन लक्ष्य कैसे है और मैं कौन हूं, मेरा केंद्रीय विषय क्या है, मेरा चरित्र क्या है? दूसरा वास्तव में महत्वपूर्ण है क्योंकि यह संसाधनों को समर्पित करने के लिए प्रेरित करने के इरादे को देख रहा है, जिसका अर्थ है, आपका समय, आपकी ऊर्जा के बारे में, शायद आपके पैसे या अन्य चीजों के बारे में। यह मूल रूप से समर्पित है कि आपको विशेष दिशाओं और विशेष लक्ष्यों की ओर क्या देना है। एक चीज जो जीवन में एक उद्देश्य करती है वह है आपको उन चीजों पर ध्यान केंद्रित करने में मदद करना जो आपके जीवन में सबसे ज्यादा मायने रखती हैं। ताकि आप इतनी सारी अलग-अलग चीजों में न फैले कि आपकी ऊर्जा और आपका समय बहुत सी चीजों के लिए समर्पित हो, और आपका कोई ध्यान न रहे। तो जीवन में एक उद्देश्य आपके प्रयासों पर ध्यान केंद्रित करके संघर्ष को कम करता है।

दूसरा महत्वपूर्ण बिंदु वास्तव में यह प्रश्न पूछ रहा है: [2] मेरे जीवन में दिशाएं क्या हैं, मेरे जीवन में लक्ष्य क्या हैं, और सबसे महत्वपूर्ण बात यह है कि मैं अपने जीवन में क्या महत्व रखता हूं? हम कैसे पता लगाते हैं कि हम क्या महत्व रखते हैं? वैसे, उस प्रक्रिया को आत्म-

पुष्टि कहा जाता है। इसलिए जब हम स्वयं की पुष्टि कर रहे होते हैं, तो हम व्यक्तिगत रूप से प्रासंगिक मूल्यों पर विचार करना शुरू कर देते हैं। यह वास्तव में जीवन में उद्देश्य के लिए एक महत्वपूर्ण और बहुत संबंधित अवधारणा है। तो बस इस तरह से सोचें, मैं क्या महत्व दूं? मुझे पता भी कैसे चलेगा? ठीक है, शायद आप अपने स्मार्टफ़ोन से भी शुरुआत करना चाहते हैं। आपके स्मार्टफ़ोन के वॉलपेपर पर क्या है? ये मेरे पिता हैं। वह कुछ समय के लिए मेरे स्मार्टफोन के वॉलपेपर पर रहे है क्योंकि वह 73 साल के थे, और मैं उनसे बहुत प्यार करता था, और उन्होंने गंभीर बीमारी (आईएलडी) विकसित कर लिया था, और उनके साथ कुछ समय बिताने में सक्षम होना एक अद्भुत अनुभव था। वास्तव में उच्च मूल्य, और उसके साथ उच्च गुणवत्ता वाला समय। तो आपके पिता आपके या आपकी माँ स्मार्टफ़ोन पर हो सकते हैं। या कोई ऐसा हो सकता है जिसे आपने खो दिया हो।

यह पता लगाने के लिए कि आप क्या महत्व रखते हैं, डॉ विक्टर स्ट्रेचर सात प्रश्नों वाला एक छोटा सा अभ्यास देते हैं, जिसके बारे में आपको सोचने के लिए सबसे पहले, आपके जीवन में सबसे ज्यादा क्या मायने रखता है? आपके जीवन में कौन सी चीजें सबसे महत्वपूर्ण हैं? एक और सवाल यह है कि आप पर कौन निर्भर है? क्या आपके बच्चे हैं जो आप पर भरोसा करते हैं? क्या आपके माता-पिता आप पर निर्भर हैं? क्या आपके भाई-बहन हैं जो आप पर भरोसा करते हैं? क्या आपके पास कुत्ता या बिल्ली है जो आप पर निर्भर है? तो क्या आपके पास ऐसे लोग हैं जो आप पर भरोसा करते हैं? क्योंकि वे लोग अति महत्वपूर्ण हो जाते हैं, मुझे आशा है कि वे आपके लिए अति महत्वपूर्ण हैं क्योंकि वे आप पर भरोसा करते हैं। और फिर दूसरा सवाल यह है कि आपको कौन प्रेरित करता है? और यह वह व्यक्ति हो सकता है जो जीवित है या वह व्यक्ति जो अब नहीं है। हो सकता है कि अरस्तू आपको प्रेरित करे, या महात्मा गांधी आपको प्रेरित करें। लेकिन यह आपकी मां या आपके पिता भी हो सकते हैं, भाई या बहन हो सकते हैं। यह कोई मित्र या कोई सार्वजनिक व्यक्ति हो सकता है जो आपको प्रेरित करता है। तो इस बारे में सोचें कि आपको कौन प्रेरित करता है जब आप इस बारे

में सोच रहे हैं कि आप अपने जीवन में सबसे ज्यादा क्या महत्व रखते हैं। फिर से, हम उन चीजों पर ध्यान केंद्रित करने की कोशिश कर रहे हैं जो आपके जीवन में सबसे महत्वपूर्ण हैं। एक और हो सकता है कि आप किन कारणों की परवाह करते हैं? तो अभी के बारे में सोचें, चाहे वह कोई राजनीतिक कारण हो या पर्यावरणीय कारण या शायद स्थानीय कारण, शायद यह कला से संबंधित एक कारण है। तो ऐसे कौन से कारण हैं जिनकी आप परवाह करते हैं? आप किस बात के लिए कृतज्ञ हैं? वे लोग कौन हैं जिनके लिए आप आभारी हैं? ऐसी कौन सी स्थिति है जिसके लिए आप आभारी हो सकते हैं? उदाहरण के लिए, क्या आप जहां हैं वहां रहने के लिए आभारी हैं? एक और चीज वह है जो आपको सुबह बिस्तर से उठाती है? जब आप जाग रहे होते हैं, तो हो सकता है कि आप बस सोना चाहें क्योंकि आपके पास कुछ भी नहीं है जो आपको बिस्तर से बाहर कर दे। लेकिन जब तुम सोच रहे हो, मुझे उठकर यह करना है, वह क्या है? क्या यह आपके लिए महत्वपूर्ण बात है? क्या यह ऐसा कुछ है जिसे आप महत्व देते हैं? आपको बिस्तर से क्या मिलता है? और अंत में, आप कैसे याद किया जाना चाहते हैं? मनोविज्ञान में यह वास्तव में महत्वपूर्ण है, हम इसे मृत्यु दर कहते हैं। अब जरा जीवन के संदर्भ में इसके बारे में सोचें। मान लीजिए कि कोई मृत्यु नहीं थी। मान लीजिए कि हम हमेशा के लिए रहते थे। हम अपना जीवन कैसे जिएंगे? क्या हम अपने जीवन को अलग तरह से जीएंगे यदि हम हमेशा के लिए जीते हैं यदि हम समय की एक सीमित अवधि में रहते हैं? खैर, मुझे लगता है कि उत्तर बहुत स्पष्ट है। यदि हम हमेशा के लिए जीवित रहते तो हम केवल यह मान लेते कि अंततः उस व्यक्ति के साथ कुछ हो जाएगा जो कठिन समय बिता रहा है। अगर हम हमेशा के लिए जी सकते हैं तो शायद हम वास्तव में हर दिन महत्वपूर्ण होने के बारे में चिंता नहीं करेंगे, हर एक मिनट। आप हमेशा कहते हैं कि आप हर एक दिन मरने वाले हैं और फिर भी आप जिंदा घर आ जाते हैं। और हो सकता है कि वह ठीक से कहे, मैं ऐसा इसलिए करता हूं ताकि मैं आज एक बड़ा जीवन जी सकूं। इसलिए मैं उस दिन की सराहना करता हूं जब मैं आज जीवित था, और मैं उस दिन में अपना सब कुछ लगा दूंगा। वह उद्देश्यपूर्ण जीवन है, जो

एक बड़ा जीवन जी रहा है। इसलिए अपनी मृत्यु के बारे में विचित्र रूप से पर्याप्त सोचना अधिक जीवन का निर्माण करता है। तो, उदाहरण के लिए, स्टीव जॉब्स अग्नाशय के कैंसर से मर रहे थे जब उन्होंने 2005 में स्टैनफोर्ड स्नातक वर्ग को प्रारंभिक भाषण दिया। और उन्होंने यही कहा है। कल्पना कीजिए कि उसने स्टैनफोर्ड में स्नातक करने वाले छात्रों को कितना झटका दिया होगा, जिनके पास सब कुछ आगे था, आप सोचेंगे। और उन्होंने कहा कि मृत्यु जीवन का सबसे अच्छा आविष्कार होने की संभावना है। यह जीवन का परिवर्तन एजेंट है। क्या आप उस समय एक छात्र होने की कल्पना कर सकते हैं और वह मृत्यु के बारे में बात कर रहा है और मृत्यु कितनी महत्वपूर्ण है? ठीक है, वह समझ गया था क्योंकि वह जानता था कि वह बहुत जल्द मरने वाला है, और उसे एहसास होने लगा कि जीवन कितना मूल्यवान है, हर एक दिन। उदाहरण के लिए, जो लोग अस्पताल में हैं, वे अपनी सोच के अनुसार अपना जीवन बदलना शुरू कर देते हैं। वे कहते हैं यार; काश मैंने अपना जीवन वैसे ही जिया होता जैसा मैं अभी हूं, हर एक मिनट, हर एक घंटे की सराहना करता हूं। काश मैंने अपने जीवन के नियमित भाग के दौरान ऐसा किया होता। तो अपनी मृत्यु के बारे में सोचने के लिए यह इतनी महत्वपूर्ण बात है।

तो यहाँ एक अभ्यास है जो मैं वास्तव में आशा करता हूँ कि आप करना चाहते हैं, इसे द हेडस्टोन टेस्ट कहा जाता है। मुझे पता है कि यह थोड़ा अजीब लगता है। लेकिन यहाँ मैं चाहता हूँ कि आप इसके बारे में सोचें। क्या होगा अगर आप आज या कल मर जाते हैं, तो आप अपने सिर के पत्थर पर क्या चाहते हैं? आप किस प्रकार का उपसंहार चाहते हैं? आप क्या चाहते हैं कि लोग आपके बारे में कहें, इस दुनिया में आपने जो छाप छोड़ी है, आपकी विरासत, उस मिशन के बारे में जो आपके पास अन्य लोगों के लिए था? आप लोग क्या कहना चाहेंगे? क्या आप चाहते हैं कि लोग कहें, वह सबसे अमीर व्यक्ति थे? वाह, अब आप कब्रिस्तान/ श्मशान घाट के सबसे अमीर व्यक्ति हैं। यह जाने का बढ़िया तरीका है, अच्छा काम। या आप चाहते हैं कि लोग कहें, वह बहुत दयालु था, उसने मेरी जिंदगी बदल दी? तो मैं चाहता हूं कि आप इस बारे में सोचें। जब आप द हेडस्टोन टेस्ट के बारे में सोच रहे हों, तो मैं चाहता हूं कि आप

इस तथ्य के बारे में सोचें कि आप यहां इतने कम समय के लिए हैं, आप किस तरह की विरासत छोड़ना चाहेंगे?

ये सभी चीजें जैसे नश्वरता, नम्रता, जो सबसे ज्यादा मायने रखती है, उसके बारे में सोचना वास्तव में आपके जीवन के उद्देश्य के लिए महत्वपूर्ण है। तो चलिए इसे किसी प्रकार के ढांचे में डालते हैं जो कुछ समझ में आता है। तो ये वो चीजें हैं जो मेरे लिए सबसे ज्यादा मायने रखती हैं और मैं उन पर विचार करना शुरू करने जा रहा हूं, और इसे आत्म-पुष्टि कहा जाएगा। तो एक के लिए, मैं एक पारिवारिक व्यक्ति बनना चाहता हूँ। मुझे इसकी बहुत परवाह है। मैं एक सत्य साधक बनना चाहता हूँ। मैं एक वैज्ञानिक हूं। मैं भी एक अच्छा शिक्षक बनना चाहता हूं। मैं कला का समर्थक बनना चाहता हूं। मैं अपने कार्यस्थल पर दूरदर्शी नेता बनना चाहता हूं। मैं एक दोस्त बनना चाहता हूं, उन लोगों के लिए एक अच्छा दोस्त बनना चाहता हूं जिन्हें मैं जानता हूं। मैं मौज-मस्ती करना चाहता हूं। तो ये वो चीजें हैं जो मेरे लिए सबसे ज्यादा मायने रखती हैं। अन्य चीजें होंगी जो आपके लिए सबसे ज्यादा मायने रखती हैं। हम सभी अलग हैं और हम सभी के लिए इन चीजों का एक अलग मॉडल एक साथ काम करने के लिए एकदम सही समझ में आता है। हालांकि मैं इन चीजों को अपना लक्ष्य कहता हूं, क्योंकि मैं एक पारिवारिक व्यक्ति बनना चाहता हूं। मैं एक सत्य साधक बनना चाहता हूँ। मैं दूरदर्शी नेता बनना चाहता हूं, आदि। ये केंद्रीय हैं। ये मेरे लक्ष्य हैं और ये मेरे जीवन के उद्देश्य के लिए लक्ष्य हैं। तो यह मेरा उद्देश्य है। इसलिए, मेरे 'be/बी' लक्ष्य जीवन में मेरा उद्देश्य बनाते हैं। आप उद्देश्यपूर्ण ढंग से जीना शुरू करना चाहते हैं। आप अपना सर्वश्रेष्ठ स्वयं संलग्न करना चाहते हैं। याद रखें कि हम सबसे अच्छे शब्दों का इस्तेमाल कर रहे थे? दयालु होना, उदार होना, समुदायवादी होना, वे सभी चीजें, पर्यावरण के अनुकूल होना, जो भी सबसे अच्छे विचार हैं, आप अपने उद्देश्य के लिए अपना सर्वश्रेष्ठ स्वयं कैसे लागू करते हैं? तब तुम उद्देश्यपूर्ण हो जाते हो। और जब आप उद्देश्यपूर्ण हो जाते हैं, तो आप वास्तव में एक बड़ा जीवन जीने लगते हैं। तो जिस तरह से मैं इस बारे में सोचता हूं वह यह है कि आत्म-पुष्टि, जो आपके

जीवन में सबसे ज्यादा मायने रखता है, उस पर आपका प्रतिबिंब आपके जीवन में एक उद्देश्य की ओर ले जाता है। यह केंद्रीय, आत्म-संगठित जीवन लक्ष्य है। और एक बार जब आपके पास एक उद्देश्य हो, तो आप अपना सर्वश्रेष्ठ स्वयं लागू कर सकते हैं, आप इस जीवन उद्देश्य के लिए अपना सर्वश्रेष्ठ स्वयं संलग्न कर सकते हैं और उद्देश्यपूर्ण बन सकते हैं। जब आपके पास वे तीन चीजें आपके लिए चल रही हों, तो मैं कहूंगा कि आप एक बहुत बड़ा जीवन जी रहे हैं, चाहे आप कोई भी हों।

तो सुकरात ने कहा कि बिना जांचे-परखे जीवन जीने लायक नहीं है, मानव जाति में सबसे प्रसिद्ध कथनों में से एक है। अरस्तू, और मैं उसे निकोमैचियन एथिक्स में व्याख्या कर रहा हूं, "यह सही है, सुकरात। लेकिन आप जानते हैं क्या? उद्देश्यहीन जीवन पहली जगह में जांच के लायक नहीं है।" क्या आपको उस दो तरफा सिक्के से प्यार नहीं है? अपने जीवन की जांच करना महत्वपूर्ण है, लेकिन यह वास्तव में महत्वपूर्ण है कि आप अपने जीवन की जांच करें कि इसका उद्देश्य क्या है। तो इस खूबसूरत मैच को बनाने के लिए दोनों वास्तव में एक साथ काम करते हैं, और यही हम बात करने जा रहे हैं।

वैसे सुकरात एक स्ट्रीट फिलॉसफर थे। उनके पास डेविड और प्लेटो जैसे कई प्रसिद्ध छात्र थे। तो प्लेटो सुकरात का छात्र था, और सुकरात को इतना स्मार्ट माना जाता था, और हर बार सड़क पर होते हुए भी, याद रखें कि वह एक स्ट्रीट फिलॉसफर है, एक बार, उसके एक छात्र ने उससे एक सवाल पूछा, वह वास्तव में एक कठिन समय था और कहा, "मुझे अपने आंतरिक डेमन, मेरे सच्चे स्व से परामर्श करने की आवश्यकता है।" ओथमैन को याद रखें, यह ईश्वर जैसा स्वयं या सच्चा स्व, यूनानियों के पास उस सच्चे स्व के लिए यह शब्द था और इसे डेमन कहा जाता था। तो हर बार एक समय में, अगर सुकरात स्तब्ध था, तो वह एक गली में वापस आ जाएगा, सड़क पर हो सकता है, और इस आंतरिक डेमन से यह पता लगाने के लिए परामर्श करेगा, "सही उत्तर क्या है? बीस मिनट बाद वह बाहर आ सकता है, "मुझे पता है कि इसका उत्तर क्या है।" इसलिए उनके छात्रों ने उनकी तुलना ग्रीक टेराकोटा की मूर्तियों से दिलचस्प तरीके से की। ये सभी टेराकोटा मूर्तियां

हैं जो ग्रीक बनाते हैं, वे सुंदर हैं। लेकिन यदि आप उन्हें बहुत बार टैप करते हैं तो ग्रीक मूर्तियां इस छोटी सुनहरी मूर्ति को अंदर रखेंगे। सोने की मूर्ति आमतौर पर ज़ीउस जैसे कुछ प्रमुख देवताओं की थी, और वे उस छोटी सुनहरी मूर्ति को डेमन कहते हैं, और उन्होंने कहा, "आप जानते हैं, सुकरात ऐसे ही हैं।" सुकरात सुंदर नहीं हो सकते हैं बाहर से, लेकिन अंदर से उसके पास यह डेमन है और वह इस सच्चे ईश्वर जैसे स्वयं के संपर्क में है, वह विशेष आंतरिक डेमन, यह बहुत अच्छा है। वास्तव में, प्लेटो, सुकरात का छात्र था, और वैसे, अरस्तू था प्लेटो का एक छात्र, तो ये सभी लोग समकालीन थे। प्लेटो का कहना है कि हमारे भीतर रहने वाले सुव्यवस्थित डेमन को रखना वास्तव में महत्वपूर्ण है। यदि आप ऐसा कर सकते हैं, तो उनके शब्दों में, आप परम सुखी हो जाएंगे। तो अपने भीतर रहने वाले डेमॉन को सुव्यवस्थित रखते हुए, उसे वास्तव में बेहद खुश होना चाहिए। तो इस शब्द डेमन के बारे में सोचें। यह उस शब्द का मूल शब्द है जिसका हम अब बहुत उपयोग करते हैं, यूनानियों ने इसे प्राचीन ग्रीस में हर समय इस्तेमाल किया था, लेकिन अब हम विज्ञान में इसका बहुत उपयोग करते हैं, यूडेमोनिक। यूडेमोनिक वास्तव में इस सच्चे स्व के साथ संपर्क में रहने को संदर्भित करता है, यह आंतरिक ईश्वर जैसा स्व जो आपके पास है।

लेकिन अरस्तू ने यह भी कहा कि खुशी के दो रूप होते हैं। खुशी का यह उदारवादी रूप है, लेकिन खुशी का एक सुखमय रूप भी है, और मैं अनुमान लगा रहा हूं कि आप सभी इसका अर्थ भी जानते हैं। तो सुखवाद आनंद को संदर्भित करता है, यह तत्काल संतुष्टि को संदर्भित करता है। तो यह सुपर आकर्षक या सुपर-रिच होने या महान प्रतिष्ठा होने, या ट्रॉफी, पति या पत्नी होने, या सुपर अच्छी कार होने का उल्लेख कर सकता है, जो कुछ भी भौतिकवादी हैं, सुखमय खुशी उनके भौतिकवाद से संबंधित है। वैसे, अरस्तू सुखी, सुख या कल्याण पर पूरी तरह से नीचे नहीं था, उन्होंने कहा कि हम सभी के पास वे हैं, हम सभी के पास वास्तव में दोनों हैं, लेकिन हमारे पास दोनों के अलग-अलग मिश्रण हैं। तो, हम में से कुछ दूसरों की तुलना में अधिक उदार और खुश हो सकते हैं। अन्य बहुत सुखी रूप से ठीक हैं या खुश हैं। लेकिन अगर हम सभी सुखी रूप

से खुश लोग हैं, और वह इस शब्द का प्रयोग करता है, तो हम चरने वाले जानवरों की तरह हैं। खैर, हम सभी चरना पसंद करते हैं, हम सभी को अच्छा खाना या अच्छी शराब या अच्छी सेक्स या अच्छी कार, या अच्छी छुट्टी, एक अच्छा अनुभव पसंद है। सामान्य तौर पर, हम सभी को आनंद पसंद होता है। हम सभी पसंद करते हैं, और कुछ हद तक कुछ सुखमय सुख की लालसा करते हैं। हम सभी को भी यह उदार कल्याण, यह उदारवादी खुशी प्राप्त करने की आवश्यकता है।

जीवन में उद्देश्य का वैज्ञानिक अध्ययन/Scientific study of Purpose in Life

जीवन में उद्देश्य को वैज्ञानिक रूप से मान्य करने के लिए, डॉ विक्टर स्ट्रेचर ने इसे थोड़ा सा खोजा और अनपैक किया क्योंकि आधुनिक वैज्ञानिकों ने अब वास्तव में यह देखना शुरू कर दिया है कि जब आप एक सुखी व्यक्ति बनाम एक सुखी सुखी व्यक्ति हैं, तो क्या हो रहा है, और यह है एक बहुत अच्छा अध्ययन जो मस्तिष्क के एक हिस्से को देखकर किया गया था जो पुरस्कारों से संबंधित है, वेंट्रल स्ट्रिएटम [3] जो अधिक ऑक्सीजन युक्त रक्त प्रवाह प्राप्त कर रहा है, यह अधिक सक्रिय हो रहा है। वह उदर स्ट्रेटम हमारा इनाम केंद्र है। इन बहुत ही चतुर न्यूरोसाइंटिस्ट्स ने कहा, "अच्छा, आइए जानें कि क्या कुछ लोगों को अन्य चीजों से ज्यादा कुछ चीजों से पुरस्कृत किया जाता है।" वाकई मस्त स्टडी। तो यहाँ उन्होंने क्या किया। जबकि एमआरआई में लोगों से दो सवाल पूछे गए। एक सवाल था, यहाँ कुछ पैसे हैं, अब आप इसे कैसे खर्च करेंगे? इस बारे में सोचें कि आप इसे अन्य लोगों पर कैसे खर्च कर सकते हैं। तो यह यूडेमोनिक कल्याण पर बहुत केंद्रित है। फिर एमआरआई में रहते हुए उनसे भी यह सवाल पूछा गया। यहाँ कुछ पैसे हैं, अब आप इसे अपने ऊपर कैसे खर्च कर सकते हैं? तो और अधिक सुखमय होगा। कुछ लोगों को यह पता चला है, उनके वेंट्रल स्ट्रिएटम में वास्तव में बहुत अधिक रक्त प्रवाह होता है जब वे यह सोच रहे होते हैं कि वे इसे अन्य लोगों पर कैसे खर्च करेंगे। जबकि एमआरआई में कुछ अन्य लोगों को अधिक रक्त प्रवाह मिला, जब वे यह सोच रहे थे कि इसे अपने ऊपर कैसे खर्च किया जाए। तो

आशा है कि यह समझ में आता है। इसलिए वे अनिवार्य रूप से सुखी रूप से खुश लोगों को उनके मस्तिष्क द्वारा किए गए कार्यों से परिभाषित कर सकते हैं, और यहाँ जो अच्छा है वह यह है कि दिमाग झूठ नहीं बोलता है। मेरा मतलब है, आप इन सवालों के पूछे जाने पर एक सर्वेक्षण पर झूठ बोल सकते हैं, लेकिन आपका दिमाग झूठ नहीं बोलने वाला है क्योंकि आपके मस्तिष्क की इनाम प्रणाली यह इस बात पर निर्भर करती है कि सवाल क्या था और आप इसे नियंत्रित नहीं कर सकते। तो यह वास्तव में एक अच्छा अध्ययन है। अब जो उन्होंने एमआरआई में जाने से पहले भी किया था, इन विषयों ने उनके अवसादग्रस्त लक्षणों को देखने के लिए एक फॉर्म पूरा किया। तो एमआरआई में जाने से पहले वे कितने उदास थे। फिर उनसे ये प्रश्न पूछे गए, और फिर एक साल बाद उनसे ये अवसादग्रस्तता के लक्षण वाले प्रश्न फिर से पूछे गए और उन्हें एक दिलचस्प परिणाम मिला। उन्होंने पाया कि यूडेमोनिक रूप से अच्छी तरह से लोग, जिन लोगों का रक्त प्रवाह अधिक था, उनके वेंट्रल स्ट्रेटम में जा रहे थे, जब यह सोचते हुए कि वे एक साल बाद अन्य लोगों के लिए पैसा कैसे खर्च करेंगे, उनके पास कम अवसादग्रस्त लक्षण थे। सुखी रूप से स्वस्थ लोगों में अवसाद के लक्षण अधिक थे, और यह कोई छोटी खोज नहीं थी, यह एक बहुत बड़ा प्रभाव था। तो इस अध्ययन के बारे में यह बहुत अच्छा है कि दिमाग झूठ नहीं बोलता। आपका मस्तिष्क अनिवार्य रूप से इन शोधकर्ताओं को बता रहा है कि क्या आप यूडोमोनिक रूप से प्रेरित हैं या हेडोनिक रूप से प्रेरित हैं, और यह पता चला है कि यूडोमोनिक रूप से प्रेरित लोग एक साल बाद मानसिक रूप से स्वस्थ हो जाते हैं, वास्तव में आश्चर्यजनक। तो आइए यूडेमोनिक और हेडोनिक के इस विचार को देखें। ये काफी अजीब शब्द हैं, ये पुराने ग्रीक शब्द हैं। आइए यूडेमोनिक और हेडोनिक के लिए अधिक आधुनिक शब्दावली देखें। यह पार या आत्म-पारस्परिक हो सकता है। मैं अपने से बड़ी चीजों के बारे में सोच रहा हूं, मैं प्यार या समुदाय या कृतज्ञता, या सहानुभूति के बारे में सोच रहा हूं; जबकि सुखवादी लोग अधिक आत्म-बढ़ाने वाले तरीके से सोच रहे हैं। इसलिए वे प्रसिद्ध और भाग्य और आकर्षण, और इस तरह की चीजों के बारे में अधिक सोच रहे हैं, इतना

अधिक आत्म-बढ़ाने वाला। इसलिए बहुत सारे शोध हुए हैं जो उन शब्दों का उपयोग करते हैं, लेकिन हम आत्म-उत्थान और सुखमय कल्याण या आत्म-बढ़ाने के उद्देश्य के साथ दोनों यूडेमोनिक कल्याण को मैप करने में सक्षम हो सकते हैं।

तो आइए आत्म-पारस्परिक मूल्यों के विचार पर एक नज़र डालें। हम यह पता लगाना चाहते थे कि जब हम स्वास्थ्य संदेश के साथ लोगों को धमका रहे थे तो क्या इन आत्म-पारस्परिक या यूडेमोनिक मूल्यों ने विभिन्न तंत्रिका प्रतिक्रियाएं उत्पन्न कीं। तो हमने उन लोगों के साथ शुरुआत की जो गतिहीन हैं, ये काउच पोटैटो थे। उन्हें वास्तव में सोफे से उतरकर काम करना शुरू करना था। जब आप एक गतिहीन व्यक्ति, एक काउच पोटैटो को बताना शुरू करते हैं, तो आपको सोफे से उतरकर अधिक व्यायाम करना शुरू करना होगा, यह एक धमकी भरा संदेश है। इसलिए हम काउच पोटैटो या गतिहीन लोगों पर एक नज़र डालना चाहते थे, जो आत्म-पारस्परिक थे, जिनके पास बहुत ही मजबूत आत्म-अतिक्रमण मूल्य थे बनाम गतिहीन लोग जिनके पास बहुत आत्म-बढ़ाने वाले मूल्य थे, हम प्रतिक्रियाओं में अंतर देखना चाहते थे। यह धमकी भरा संदेश, "अरे, तुम्हें और मेहनत करने की ज़रूरत है।" तो हमने यही किया। हमने इन आत्म-अतिक्रमण बनाम आत्म-बढ़ाने वाले लोगों को लिया, उन्हें एमआरआई में डाल दिया, हमने उन्हें यह धमकी भरा संदेश भेजा, "अरे, आपको और अधिक काम करने की आवश्यकता है।" यहां जानिए उनके दिमाग के साथ क्या हुआ। उनका अमिगडाला, और मैं समझाता हूँ कि अमिगडाला क्या है। अमिगडाला हमारे मस्तिष्क का एक सरीसृप हिस्सा है, यह बहुत पुराना है, हमारे देश में करोड़ों साल पुराना है। मस्तिष्क, और यह बहुत प्राचीन भाग भय और आक्रामकता से संबंधित है। हमारे वेंट्रल मेडियल प्रीफ्रंटल कॉर्टेक्स के विपरीत, जो बहुत आधुनिक और अलौकिक है, इसे हम अक्सर अपने मस्तिष्क का सरीसृप भाग कहते हैं। यहाँ हमने क्या पाया। हमने पाया कि जब धमकाया गया तो अतिक्रमण करने वाले लोगों की अमिगडाला प्रतिक्रिया बहुत कम थी। मस्तिष्क में भय या आक्रामकता से संबंधित उनकी प्रतिक्रिया बहुत कम थी। जबकि मस्तिष्क में, यदि आपके पास

मूल मूल्यों का एक अधिक सुखी या आत्म-बढ़ाने वाला सेट था, जब हम उन्हें धमकी देते हैं कि उन्हें और अधिक काम करने की आवश्यकता है, तो अमिगडाला पागल हो गया था, उस अमिगडाला में बहुत अधिक ऑक्सीजन युक्त रक्त प्रवाह था, यह बहुत सक्रिय हो गया। दूसरे शब्दों में, वह भय और आक्रामकता केंद्र अति सक्रिय हो गया। तो अगला तार्किक प्रश्न, कम से कम हमारे लिए, क्या होता है जब हम आत्म-उत्थान को बढ़ाते हैं, और हमने सोचा कि हम एमआरआई में रहते हुए आत्म-उत्थान को बढ़ा सकते हैं। इसलिए जब एमआरआई में हमने गतिहीन लोगों को उनके सबसे महत्वपूर्ण मूल्यों के बारे में और उनके कम से कम महत्वपूर्ण मूल्यों के बारे में सोचने के लिए कहा, और निश्चित रूप से पर्याप्त है, जब उनके सबसे महत्वपूर्ण मूल्यों के बारे में सोचते हुए, अधिक रक्त प्रवाह इस वेंट्रल मेडियल प्रीफ्रंटल कॉर्टेक्स में चला गया, यह बहुत ही खास हिस्सा है। हमारे मस्तिष्क के बारे में, यह जानना वास्तव में महत्वपूर्ण है। अब हमने उनके मूल आत्म-पारस्परिक मूल्यों को बढ़ाने के माध्यम से ऐसा किया है। लेकिन हमने इसे दूसरे तरीके से भी किया। हमने उन्हें प्रेम और दया के बारे में सोचने के लिए कहा, और हमने इसे प्रेम-कृपा ध्यान के माध्यम से किया, जो वास्तव में एक सुंदर ध्यान है। जब हमने उन्हें या तो उनके मूल उद्देश्यपूर्ण मूल्यों के बारे में सोचने में या एक अलग अध्ययन में संलग्न किया था, तो हमने उन्हें प्रेम और दया के बारे में प्रेम-कृपा ध्यान के माध्यम से सोचा था, हमने एक बार फिर रक्त प्रवाह को और अधिक रक्त प्रवाह पाया, इस उदर औसत दर्जे का प्रीफ्रंटल कॉर्टेक्स में जा रहा था। जब आप इस प्रेम-कृपा ध्यान के माध्यम से सुख और दुख से मुक्ति व्यक्त करते हैं; यह वास्तव में जीवन में आपके उद्देश्य को बेहतर बनाता है।

भारतीय संदर्भ में, वेंट्रल मेडियल प्रीफ्रंटल कॉर्टेक्स का व्यापक रूप से ध्यान में उपयोग किया जाता है जो कि योग प्रणाली का अनिवार्य हिस्सा है और यह इतनी महत्वपूर्ण चीज है कि सभी ने इसे अपने जीवन का हिस्सा बना लिया है। यह मस्तिष्क के शारीरिक स्वास्थ्य में सुधार करता है। मस्तिष्क अधिक कुशलता से काम करने लगता है और

व्यक्ति शांति के साथ नए विचारों के बारे में सोचने लगता है। जैसा कि कहा गया है, ध्यान मस्तिष्क में प्री-फ्रंटल कॉर्टेक्स पर काम करता है जिससे इसकी मोटाई बढ़ जाती है जो बदले में मस्तिष्क के कामकाज को बढ़ाता है यानी जागरूकता, एकाग्रता बढ़ाता है और निर्णय लेने की शक्ति में भी सुधार करता है। इस प्रकार ध्यान मस्तिष्क के कामकाज को प्रभावित करता है जो मानसिकता विकसित करता है और जीवन में उद्देश्य खोजने में मदद करता है।

जीवन में उद्देश्य की दार्शनिक अवधारणा Philosophical Concept of Purpose in Life

4

जीवन में उद्देश्य की दार्शनिक अवधारणा

जीवन में उद्देश्य की दार्शनिक अवधारणा इन दो कारकों से संबंधित है, और ये दो कारक मस्तिष्क के एक निश्चित हिस्से से संबंधित हैं जो सक्रिय हो जाता है, और जब मस्तिष्क का वह हिस्सा सक्रिय हो जाता है, तो अचानक बहुत परिवर्तन होता है। हम अपने जीवन को बेहतर ढंग से व्यवस्थित करने में सक्षम हैं, हम अपने व्यवहार को बेहतर ढंग से प्रबंधित करने और बदलने में सक्षम हैं, जो कि बहुत अच्छा है।

हम अस्तित्ववादियों के उद्देश्य के दृष्टिकोण के बारे में बात करना शुरू करने जा रहे हैं, जो वास्तव में दिलचस्प और सुपर प्रासंगिक है । फिर हम अपने व्यवहार को अपने उद्देश्य से जोड़ने की एक विधि की ओर बढ़ना शुरू करेंगे। तो चलिए 500 साल पहले से शुरू करते हैं। तो उस समय, हम एक कृषि प्रधान समाज में थे, इसलिए हम कसाई हो सकते थे, या हम माली हो सकते थे, या हम रेस्तरां हो सकते थे, हम फार्मासिस्ट हो सकते थे, हम भी खेल सकते थे। वास्तव में, हम चंचल थे। अगर हमने उन सभी चीजों को अच्छी तरह से किया है, तो हम सभी को मूल रूप से खुश होना होगा। हम सभी को पार्टी करने और अच्छा समय बिताने का मौका मिला। तो चलिए इन तीन महिलाओं के पास मैदान में जाते हैं, और यह देखते हैं कि युवा महिला, जब वे घास काटने

के लिए मैदान में जा रही हैं, उस वृद्ध महिला से बात करती है, और वह कहती है, "हाँ, मैं मेरे जीवन में एक नए उद्देश्य के बारे में सोच रही थी ।" बस यह मान लें कि वह अपने वर्तमान उद्देश्य से खुश नहीं थी। मान लीजिए कि उसने अन्य गांवों में से किसी एक से जोन ऑफ आर्क नाम की इस महिला के बारे में सुना था । और वह कहती है कि "मैं जोन ऑफ आर्क बनना चाहती हूं," । तो बूढ़ी औरत कहती है, "क्या तुम पागल हो? यह भी सोचो कि जोन ऑफ आर्क के साथ क्या हुआ। वह भयानक था। आपको जोन ऑफ आर्क नहीं बनना चाहिये।" तब वह कहती है, "ठीक है, मैं आविष्कारशील हूं। अगर मैं एक नई रेक का आविष्कार करू तो क्या होगा? क्योंकि मुझे उस तरह के रेक पसंद नहीं हैं। मैं शर्त लगा सकती हूं कि हम एक नए रेक के साथ बहुत बेहतर कर सकते हैं। " तब बूढ़ी औरत कहती है, "देखो, इसे रोको। यह पागलपन वाली बात है। आप ऐसा नहीं करना चाहते। मैं आपको यहां ब्रह्मांड के बारे में थोड़ा बता दूं, बस एक सेकंड के लिए।" इसलिए जब वे मैदान में बाहर जा रहे हैं, तो वह समझाती है, "देखो, यहाँ पूरा ब्रह्मांड है। पृथ्वी पर, यह ग्रह, इस ब्रह्मांड का केंद्र हैं। हमारे पास यह ईश्वर है, और यह ईश्वर हमें बताता है कि हमारा उद्देश्य क्या है । यह उतना ही सरल है। हम ब्रह्मांड के केंद्र में रहते हैं, भगवान ने हमें एक उद्देश्य के साथ बनाया है, और यही वह है, और यही हमें करना है। अगर हम उसकी आज्ञा मानते हैं, तो हम खुश जाते हैं । जीवन वास्तव में अच्छा है अगर हम उसकी बात मानते हैं। लेकिन अगर हम नहीं करते हैं, तो बुरी चीजें होती हैं। वास्तव में हमारे साथ बुरा होता है। तो इन लोगों को देखो। ये वे लोग हैं जिन्होंने सोचा कि वे एक नया उद्देश्य चाहते हैं। यह अच्छा नहीं है ।" तो मूल रूप से, वह मैदान में बाहर जाती है। मुझे अपने उद्देश्य से प्यार है। तो चलिए अब करीब 150 साल पहले चलते हैं। जीवन बहुत अलग है। अब विज्ञान है। एक औद्योगिक क्रांति है। बहुत कुछ बदल रहा है। अब हम बहुत नए तरीके से एक्सप्लोर करना शुरू कर रहे हैं। वास्तव में, अब हम समझते हैं कि हम ब्रह्मांड का केंद्र नहीं हैं। तो जब नीत्शे करीब 150 साल पहले था, तो वह समझ गया था कि विज्ञान इस दृष्टिकोण को लेना शुरू कर रहा है कि हम ब्रह्मांड के केंद्र हैं, और भगवान के पास

हम सभी के लिए एक योजना थी। कम से कम उनका तो यही मानना था। तो उसने मूल रूप से कहा, वास्तव में, यह उसका उद्धरण है, उसने कहा, "भगवान मर चुका है, और हमने उसे मार डाला है।" उनके कहने का मतलब यह था कि विज्ञान ने अनिवार्य रूप से भगवान को मार डाला है। तो जब ऐसा होता है, तो वह इस तरह के लोगों के बारे में सोच रहा था जो मैदान में जा रहे थे, " क्योंकि अगर कोई अर्थ नहीं है तो वे खो जाने वाले हैं। अगर वे इस विशाल ब्रह्मांड में हैं जहां वे सिर्फ एक छोटे से धब्बे हैं ब्रह्मांड में, उन्हें अपना उद्देश्य स्वयं खोजना होगा।" तो इस प्रकार "स्पोक जरथुस्त्र" [1] में, यह उन पुस्तकों में से एक है जिसे नीत्शे ने लिखा था, शुरुआत में यह अद्भुत रूपक है। इसकी शुरुआत ऊंट से होती है। यह ऊंट कहता है, "सब कुछ मेरी पीठ पर लाद दो। सभी सुख-दुख और बीमारियों को लोड करो। मैं हर चीज का अनुभव करना चाहता हूं।" एक बार जब यह ऊंट पूरी तरह से लद जाता है, पूरी तरह से शिक्षित हो जाता है, तो ऊंट शेर के रूप में रूपांतरित हो जाता है। शेर जंगल में जाता है और इस ड्रैगन को ढूंढता है। इस ड्रैगन पर तराजू हैं, और हर पैमाने पर शब्द लिखे हुए हैं जो तू करेगा। अब उसका मतलब क्या है? खैर, यह फ्रेडरिक नीत्शे के लिए धर्म का ड्रैगन है। कृषि प्रधान समाज में वह समुदाय जो कह रहा था, यह उसका ड्रैगन है। यह आपका उद्देश्य है। यह सरकार का ड्रैगन है। यह माता-पिता का ड्रैगन है, बाकी सभी कहते हैं, "तुम्हारा यह उद्देश्य होगा। तुम यह करोगे। तुम उस तरह से कार्य करोगे।" याद रखिए कि शेर को इस ऊंट से कायापलट किया गया था जो पूरी तरह से शिक्षित हो गया था। शेर मूल रूप से ड्रैगन को देखता है और कहता है, "आप किसका प्रतिनिधित्व करते हैं?" ड्रैगन कहता है, "मैं सभी चीजों के मूल्य का प्रतिनिधित्व करता हूं। चीजों के सभी मूल्य मुझ पर चमकते हैं।" वास्तव में, यह नीत्शे का इस प्रकार स्पोक जरथुस्त्र का एक बहुत अच्छा उद्धरण है। उन्होंने कहा, "1,000 वर्षों के मूल्य उन पैमानों पर चमकते हैं।" तो वह लंबे समय से कह रहा है, हमारे पास एक ही तरह के मूल्य हैं, एक ही तरह की संरचना है। हम सभी को बताया गया है कि हमारा उद्देश्य क्या है। दूसरे शब्दों में, हमारे पास कोई विकल्प नहीं है। इस प्रकार स्पोक जरथुस्त्र में, शेर ड्रैगन को मार डालता

है और फिर शेर एक आखिरी बार कायापलट करता है। शेर एक बच्चे में कायापलट हो जाता है। यह वही है जो नीत्शे कहते हैं, "मासूम बच्चा है, और विस्मृति, एक नई शुरुआत, एक खेल, एक सेल्फ-रोलिंग व्हील, एक पहला आंदोलन।" तो वह यहाँ जिस बारे में बात कर रहा है, वह यह है कि कैसे इस बच्चे में अब वे मूल्य नहीं हैं जो उनके माता-पिता के थे, या उस समाज के थे, उस धर्म ने इस बच्चे को बताया कि क्या करना है। इस बच्चे की बिल्कुल नई, नई शुरुआत है। उसे जीवन में अपना उद्देश्य स्वयं बनाने का अवसर मिलता है। यह वास्तव में अब आधुनिक समाज के लिए प्रासंगिक है, है ना? वह कह रहे थे कि अतीत में, हम सभी को एक उद्देश्य दिया जाता है, लेकिन अपना उद्देश्य खोजने के लिए, आपको पहले शिक्षित होने की आवश्यकता है। एक बार जब आप पूरी तरह से शिक्षित हो जाते हैं, तो आप यह शेर बन जाते हैं। तब यह शेर अस्वीकार कर देता है कि बाकी सब उसे क्या बता रहे हैं। एक बच्चे की मासूमियत के बारे में नीत्शे क्या बात कर रहा है, पुराने मूल्यों की विस्मृति, नए मूल्यों के साथ एक नई शुरुआत जो यह बच्चा जैसा व्यक्ति अपने आप पैदा करना शुरू कर देता है, अपने स्वयं के दानव का निर्माण कर रहा है, अपने स्वयं के मूल मूल्यों का निर्माण कर रहा है लेकिन शिक्षा के आधार पर। याद रहे, वह ऊंट पूरी तरह शिक्षित हो जाता है और फिर ऊंट शेर बन जाता है। तब शेर तू के ड्रैगन को मार डालेगा और कहेगा, "मैं अपना जीवन स्वयं बनाने जा रहा हूँ। मैं अपने माता-पिता द्वारा दिया गया बायोडाटा लेने जा रहा हूँ और उसे फाड़ दूंगा। मैं दुनिया में एक के रूप में बाहर जा रहा हूँ मेरे अपने मूल्यों और जीवन में अपना उद्देश्य, नया व्यक्ति बनाने के लिए।"

दूसरे शब्दों में, वह सिर्फ एक सुपरमैन बन गया है। एक व्यक्ति जो अपने स्वयं के मूल्यों को बनाता है, अपना उद्देश्य बनाता है, और पूरी तरह से स्वतंत्र जीवन जी रहा है, यह, वैसे, वह प्रक्रिया है जिसे कार्ल जंग ने व्यक्तित्व कहा है, कि मैं खुद को एक नए नए व्यक्ति के रूप में बना रहा हूं, नियमों और कानून या बाकी सब का पालन नहीं कर रहा हूं। आइए ज्यां पॉल सार्त्र में प्रवेश करें। जीन-पॉल सार्त्र ने वास्तव में कहा था, "हम स्वतंत्र होने की निंदा करते हैं।" हम सोचते हैं कि स्वतंत्रता

अद्भुत है, लेकिन क्या होगा यदि हम उस नीत्शे की तरह से वास्तव में स्वतंत्र हो जाते हैं? यह एक तरह से डरावना है क्योंकि अचानक हमें अपना खुद का अर्थ, जीवन का अपना उद्देश्य बनाना पड़ता है, क्योंकि हम इसे करने के लिए किसी अन्य संस्था की प्रतीक्षा नहीं कर रहे हैं, चाहे वह सरकार हो, या धर्म, या हमारे माता-पिता, या समाज, कुछ भी। हम इस दुनिया में अपने स्वयं के उद्देश्य, अपने स्वयं के अर्थ का निर्माण कर रहे हैं, और हमें अपना स्वयं का प्रकाश बनाना होगा, जैसा कि स्टेनली कुब्रिक ने कहा था। तो जीन-पॉल सार्त्र ने यह दिलचस्प बात कही। उन्होंने कहा, "विज्ञान के साथ, प्रौद्योगिकी के साथ कैसे जीना है, इसके अलावा सब कुछ पता लगा लिया गया है।" तो बस यही उद्देश्य है।

एक और फ्रांसीसी अस्तित्ववादी दार्शनिक अल्बर्ट कैमस है। जब द्वितीय विश्व युद्ध के दौरान नाजियों ने पेरिस पर आक्रमण किया था, वह इस अद्भुत पुस्तक को समाप्त कर रहा था, एक अस्तित्ववादी पुस्तक जिसे "द मिथ ऑफ सिसिफस" [2] कहा जाता है। द मिथ ऑफ सिसिफस की शुरुआत में, वह यह दार्शनिक प्रश्न पूछ रहा था। वास्तव में, उन्होंने कहा कि यह सबसे बड़ा दार्शनिक प्रश्न है। हम सब सिर्फ खुद को क्यों नहीं मारते? हम सब सिर्फ आत्महत्या क्यों नहीं करते? जीवन इतना व्यर्थ है, ब्रह्मांड इतना विशाल है, और हम इसमें छोटे-छोटे कण हैं। जब आप समय की विशालता को देखते हैं, तो हम यहां कुछ सेकंड के लिए हैं; सबसे छोटा क्षण, हम क्या करते हैं वास्तव में कोई फर्क नहीं पड़ता। हमारा जीवन अनिवार्य रूप से व्यर्थ और व्यर्थ है, और अगर यह दर्दनाक है, तो हम खुद को क्यों नहीं मार देते? तो उन्होंने वह वास्तव में कठिन दार्शनिक प्रश्न पूछा। उन्होंने कहा, "यह लगभग हर दिन सिसिफस की तरह है जो इस विशाल गेंद को पहाड़ पर फेंकता है, वह गेंद रोल करती हुयी हर रात वापस आती है।" यह कितना व्यर्थ हो सकता है? सिसिफस, जैसा कि आपको याद होगा, एक ग्रीक देवता था जिसने अन्य सभी ग्रीक देवताओं को इतना नाराज कर दिया था कि उन्होंने कहा, " सिसिफस, अनंत काल के लिए, आपको हर दिन इस पहाड़ पर इस गेंद को रोल करना होगा। इसे वापस रोल करने के लिए।"

मैं इससे ज्यादा व्यर्थ और भयानक कुछ भी नहीं सोच सकता। फिर भी, वह द मिथ ऑफ सिसिफस नामक पुस्तक लिखता है। तो वह किस बारे में बात कर रहा है? उन्होंने कहा, "आप जानते हैं क्या? जब आप वास्तव में इसके बारे में ध्यान से सोचते हैं, तो सिसिफस का भाग्य, चाहे वह कितना भी निरर्थक क्यों न हो, उसी का है। उसकी चट्टान उसकी चीज है।" अब, उसकी चट्टान से उसका क्या मतलब है उसकी चीज़ है? बात से उसका क्या मतलब है? उसका यही मतलब है। उसकी वस्तु ही उसका उद्देश्य है, और यदि वह उस चट्टान को इस पर्वत पर ले जाने से उद्देश्य प्राप्त कर सकता है, चाहे वह कितना भी मूर्खतापूर्ण क्यों न लगे, चाहे वह कितना भी निरर्थक क्यों न हो, जैसा कि वह कहता है, "यह ब्रह्मांड अब से बिना गुरु के उसे न ही बाँझ और न ही व्यर्थ लगता है।" सिसिफस के खुश होने की कल्पना करनी चाहिए। ये उनकी पुस्तक, "द मिथ ऑफ सिसिफस" के अंतिम शब्द हैं। तो वह यह कहकर शुरू करता है, "वाह, जीवन कितना भयानक और व्यर्थ है।" फिर अंत में वह कहता है, "वाह, यदि आप इस विशाल ब्रह्मांड से अर्थ और उद्देश्य पा सकते हैं, भले ही आपके पास एक छोटा सा काम हो जो आप कर रहे हैं, तो आप खुश हो सकते हैं।" उदाहरण के लिए, नासा में एक संरक्षक, जहां जब जॉन एफ कैनेडी उनसे संपर्क करते हैं, तो कहते हैं, "अरे। मैं जे एफ कैनेडी हूं। आप क्या करते हैं?" वे कहते हैं, "ठीक है, अध्यक्ष महोदय, मैं एक आदमी को चाँद पर पहुँचाने में मदद कर रहा हूँ।" हर किसी के पास नौकरी हो सकती है, जीवन हो सकता है, कुछ हो सकता है, वे जो करते हैं उससे किसी तरह का अर्थ निकाल सकते हैं।

यहाँ फ्रांसीसी दार्शनिक अल्बर्ट कैमस [3] के बारे में एक छोटी सी कहानी है। बहुत से दार्शनिक अकादमिक दार्शनिक या अन्य लोग हो सकते हैं जो हर समय पढ़ाते हैं या किताबें लिखते हैं। वे बड़े जीवन जीने की बात करते हैं लेकिन शायद उन्होंने ऐसा नहीं किया। अल्बर्ट कैमस एक अपवाद हैं, उन्होंने एक अद्भुत जीवन जिया। इतना दिलचस्प कि हमने पिछली बार सिसिफस के मिथक के बारे में बात की थी जो उद्देश्य के बारे में एक अद्भुत किताब है। यह वास्तव में अस्तित्ववादी दर्शन में केंद्रीय पुस्तकों में से एक है। उन्होंने लिखा है कि जब नाजियों

ने पेरिस पर हमला किया था। जब वे लियोन, फ्रांस में किताब खत्म कर रहे थे, तब वे सचमुच पेरिस में मार्च कर रहे थे। तो उस समय के दौरान, कल्पना कीजिए कि यदि आप एक फ्रांसीसी व्यक्ति हैं तो कितना दुख होगा। खैर, अल्बर्ट कैमस फ्रांसीसी प्रतिरोध में शामिल हो गए। अब, द्वितीय विश्व युद्ध के दौरान ऐसा करना कोई मामूली बात नहीं है। यदि आप फ्रांसीसी प्रतिरोध में हैं और आप नाजियों द्वारा पकड़े गए हैं, तो वे आपको तब तक प्रताड़ित करते रहेंगे जब तक कि आप अपने हमवतन के नाम नहीं बता देते। तो वे तुम्हें मार डालेंगे। इसलिए फ्रांसीसी प्रतिरोध का हिस्सा बनना कोई मामूली बात नहीं थी। याद रखें कि अल्बर्ट कैमस हमेशा क्या कह रहा था, कि जीवन व्यर्थ है, ब्रह्मांड में कोई अर्थ नहीं है। अल्बर्ट कैमस पूरी तरह से उसमें शामिल हो गए, लेकिन उन्होंने कहा, "तुम्हें पता है क्या; मुझे किसी चीज में कुछ अर्थ खोजने की जरूरत है, चाहे वह कोई भी चट्टान हो। मैं सिसिफस हूं और मैं इस चट्टान को इस पहाड़ पर धकेल रहा हूं। मेरे पास जो भी व्यर्थता है। जीवन, मुझे कुछ ऐसा खोजना है जिससे मैं अर्थ ढूंढ सकूँ और मैं फ्रांस से अर्थ खोज सकूँ।" वह नास्तिक था जैसे कई अस्तित्ववादी दार्शनिक थे, हालांकि हर कोई नहीं था और हम आपको एक अद्भुत अस्तित्ववादी दार्शनिक से मिलवाएंगे जो नास्तिक था। वह भगवान में विश्वास नहीं करता था, लेकिन उसने फ्रांस में विश्वास करने का फैसला किया। फ्रांस में विश्वास करते हुए उन्होंने कहा, "अब मेरे जीवन में एक उद्देश्य है। अब मेरे जीवन में एक दिशा है और मैं उसके लिए जीने या मरने को तैयार हूं।" अतुल्य, तो दूसरे शब्दों में, उसने अपने उद्देश्य के रूप में जो चुनने का फैसला किया वह एक कारण था। याद रखें जब हम बात कर रहे हों कि अपने जीवन में मूल्यों को कैसे खोजा जाए। आप अपने जीवन में क्या महत्व रखते हैं? इसे याद रखें, आपको किस कारण से परवाह है? तो अल्बर्ट कैमस ने अपने जीवन में यही किया। उसने एक ऐसा कारण चुना जिसकी वह वास्तव में परवाह करता था, एक ऐसा कारण जिसके लिए वह जीने या मरने को तैयार था।

इसी सन्दर्भ में, सोरेन अबे कीर्केगार्ड [4], आस्तिक अस्तित्ववादी, कीर्केगार्ड जर्नल में लिखते हैं, "बात यह है कि एक सत्य की खोज की

जाए जो मेरे लिए सत्य हो, उस विचार को खोजना जिसके लिए मैं जी सकता हूं और जिसके लिए मैं मर सकता हूं... (1 अगस्त, 1835 को कीर्केगार्ड जर्नल)

इसके अलावा वह लिखते हैं कि मेरी भावी पीढ़ी मेरे विश्वासपात्र के रूप में इन सभी शब्दों को पीछे छोड़ती है - जब मुझे एक सच्चाई मिली जो मेरे लिए सच थी और जिसके लिए मैं जीया, एक मिशन, एक नियति, एक विचार की सेवा, एक विचार जिसका समय संक्रमण इस काले दिल में आ गया था और धीरे-धीरे मेरे जीवन को व्यवस्थित करने के लिए पवित्र आनंद का फल चरणों से प्रकट हुआ । (कीर्केगाइर्स जर्नल्स, दिसंबर 1849)

उपर्युक्त सभी अस्तित्ववादी दार्शनिक इस बात पर एकमत है कि जीवन में सभी को अपना उद्देश्य निश्चित करना चाहिये। इसके लिये आप किसी पर निर्भरता न रखें क्योंकि इस संबन्ध में कोई भी आप की सहायता नहीं कर पायेगा। उद्देश्य निश्चित होने के उपरान्त उस दिशा में कार्य करने के लिये जो भी बन पड़े करें और उसके लिए जीने या मरने को भी तैयार रहें।

उद्देश्य हमारे जीवन को कैसे बदलता है? How does purpose change our lives?

5

उद्देश्य हमारे जीवन को कैसे बदलता है?

तो आइए उन रास्तों या तंत्रों में प्रवेश करके शुरू करें कि उद्देश्य वास्तव में हमारे जीवन को कैसे बदल सकता है। और मैं तीन अलग-अलग प्रकार के रास्ते देखता हूं [1]। एक मनोवैज्ञानिक मार्ग होगा, दूसरा व्यवहार मार्ग होगा, और तीसरा जैविक मार्ग होगा। तो हम तीनों में शामिल होने जा रहे हैं।

मनोवैज्ञानिक मार्ग /Psychological Pathway

हम इस मनोवैज्ञानिक मार्ग से शुरुआत करने जा रहे हैं। और हम स्ट्रेस या स्ट्रेसर के साथ शुरुआत करने जा रहे हैं। मुझे स्ट्रेसर शब्द का उपयोग करना पसंद है क्योंकि स्ट्रेस वास्तव में वह अनुभव है जो हमें स्ट्रेसर से हो सकता है। हम हमेशा तनाव देने वालों से तनावग्रस्त नहीं होते हैं, लेकिन मैं इसके बारे में एक स्ट्रेस और फिर स्ट्रेस की प्रतिक्रिया के बारे में सोचना चाहूंगा, जिसे हम तनाव कहेंगे। तो आइए एक नजर डालते हैं हमारे जीवन में आने वाली चुनौतियों और तनावों पर। और शुरू में मैं इस मार्ग पर ध्यान केंद्रित करना चाहूंगा कि हमारे जीवन में तनाव के क्या कारण हो सकते हैं। और वे तनाव भूकंप हो सकते हैं, यह सुनामी हो सकती है, यह किसी प्रियजन की हानि हो सकती है। यह एक बीमारी हो सकती है; यह कैंसर हो सकता है, उदाहरण के लिए, COVID-19 हो

सकता है। यह बहुत सारी अलग-अलग चीजें हो सकती हैं। यहाँ विचार यह है कि जब हम इन तनावों का अनुभव करते हैं, तो जीवन का उद्देश्य उस तनाव के नकारात्मक प्रभाव को कम कर सकता है।

आइए अब आपके दिमाग पर एक नजर डालते हैं कि क्या हो रहा है। तो क्या होता है यह देखने के लिए वास्तव में एक अच्छा अध्ययन है। उन्होंने लोगों को एमआरआई, चुंबकीय अनुनाद इमेजिंग [2] में डाल दिया। उन्होंने उन्हें ऐसी छवियां दिखाईं जैसे कि एक कुत्ता उन पर हमला करना शुरू कर देता है। और यह मस्तिष्क के इस हिस्से को बढ़ाने के लिए डिज़ाइन किया गया था जिसके बारे में हमने पहले बात की थी, जिसे अमिगडाला कहा जाता है। यह हमारा भय और आक्रामकता केंद्र है, बहुत पुराना केंद्र है, 100 मिलियन वर्ष से अधिक पुराना है, हमारे मस्तिष्क का बहुत ही सरीसृप वाला हिस्सा है। और फिर हमारे पास यह उदर औसत दर्जे का प्रीफ्रंटल कॉर्टेक्स है। यह हमारे दिमाग का एक बहुत ही मानवीय हिस्सा है। प्राइमेट्स के पास इसमें बहुत कुछ है। हमारे पास इस उदर औसत दर्जे का प्रीफ्रंटल कॉर्टेक्स के किसी भी अन्य प्राइमेट से अधिक है। लेकिन अगर आप एमआरआई में हैं और आप अपने मस्तिष्क को स्कैन कर रहे हैं और अचानक एक पागल कुत्ते की एक छवि आप पर पड़ रही है और आप पर हमला कर रही है, तो लगभग तुरंत क्या होता है, एक या दो सेकंड के भीतर, वह अमिगडाला अधिक रक्त प्रवाह प्राप्त करता है। तो आप अपने डर और आक्रामकता केंद्र में बहुत सारी गतिविधियों के साथ समाप्त हो जाते हैं। और साथ ही, आपका उदर मेडियल प्रीफ्रंटल कॉर्टेक्स गतिविधि में सिकुड़ जाता है। वास्तविक दुनिया में इसकी कल्पना करें, वास्तव में कुछ आपको डरा रहा है। तुम घबरा गए। और आप भी बहुत स्पष्ट रूप से नहीं सोच रहे हैं क्योंकि आप डरने में बहुत व्यस्त हैं। यदि आपने कभी कोई डरावनी फिल्म देखी है या आप कभी-कभी भयावह चीजों जैसे कि कोविड-19 के बारे में मीडिया को सुनते हैं, तो आपका अमिगडाला चमकना शुरू कर सकता है और यह भय और आक्रामकता केंद्र स्थापित करता है। यह तब आपके व्यवहार पर हावी होने जैसा है, और यह आपके VmPFC या वेंट्रल मेडियल प्रीफ्रंटल कॉर्टेक्स पर निर्भर हैं कि आपका निर्णय लेना,

स्वस्थ लोगों के लिए, लचीले लोगों के लिए, बहुत अच्छा नहीं कर रहा है। यह पता चला कि कुछ सेकंड के भीतर, अमिगडाला फिर से सिकुड़ने लगता है क्योंकि VmPFC वास्तव में अधिक सक्रिय हो जाता है। अब सोचिए कि एक सेकंड के लिए क्या हो रहा है। सबसे पहले, आप घबराए हुए हैं और अमिगडाला बढ़ता जा रहा है, आप अभी डरे हुए हैं और साथ ही आप सोच भी नहीं रहे हैं। लेकिन कुछ ही सेकंड में आप सजग हो जाते हैं, कि "ठीक है, अब मैं इसके बारे में क्या करूँ? मैं इस समस्या के बारे में क्या करूँ?" और यहीं से यह वेंट्रल मेडियल प्रीफ्रंटल कॉर्टेक्स बहुत सक्रिय होता है और एमिग्डाला सिकुड़ने लगता है। क्या यह अच्छा नहीं है? तो लचीला लोगों के बीच ऐसा ही होता है। दुर्भाग्य से हर कोई लचीला नहीं है। जिन लोगों के साथ बच्चों के रूप में दुर्व्यवहार किया गया है, उनमें अक्सर वह उछाल नहीं होता है। मैं इसे बाउंसर कहना पसंद करता हूं क्योंकि इस नृत्य में एमिग्डाला और वेंट्रल मेडियल प्रीफ्रंटल कॉर्टेक्स लगे हुए हैं। आपको वास्तव में दोनों की जरूरत है। उस भय केंद्र का होना वास्तव में महत्वपूर्ण है। लेकिन अगर भय केंद्र हावी रहता है, तो आप हर समय डरे रहेंगे या हर समय आक्रामक रहेंगे। जो बच्चे भावनात्मक शोषण से गुज़रे हैं और फिर बड़े होने लगते हैं, उनमें वह उछाल नहीं होता जब वे डरे हुए होते हैं, जब उन्हें किसी तनाव या चुनौती का खतरा होता है, तो वे बस डर जाते हैं या आक्रामक हो जाते हैं। और यह एक वास्तविक समस्या है, है ना?

तो एक अध्ययन है जो अभी हाल ही में सामने आया, एक बहुत अच्छा अध्ययन, वयस्कों को देखकर उनसे पूछता है कि वे कितने उद्देश्यपूर्ण थे, जीवन में उनका उद्देश्य कितना मजबूत था, लेकिन फिर उनसे यह भी याद करने के लिए कहें कि क्या बच्चों के रूप में उनके साथ कोई दुर्व्यवहार हुआ था तो उन सभी लोगों के बारे में जिन्हें बच्चों के रूप में दुर्व्यवहार किया गया था, हम जानते हैं कि कुल मिलाकर औसत स्तर पर उच्च स्तर का अवसाद होता है। बच्चों के रूप में दुर्व्यवहार करने वाले वयस्कों में अवसादग्रस्तता के लक्षणों का स्तर अधिक है। वे यह पता लगाना चाहते थे कि क्या उद्देश्य वास्तव में इस प्रभाव को कम कर रहा था। तो दूसरे शब्दों में, यदि आपके साथ एक

बच्चे के रूप में दुर्व्यवहार किया गया था, लेकिन अब एक वयस्क के रूप में आपके जीवन में एक मजबूत उद्देश्य है, तो क्या आपके पास कई अवसादग्रस्त लक्षण हैं? तो आइए उन वयस्कों को देखकर शुरू करें जिन्होंने एक बच्चे के रूप में भावनात्मक शोषण का हवाला दिया। और वे एक सीमा को देख सकते हैं। यह वास्तव में गंभीर दुर्व्यवहार के लिए सभी तरह से हल्का दुर्व्यवहार हो सकता था। और उन्होंने अपने अवसादग्रस्त लक्षणों को देखा। आइए उन वयस्कों को देखें जिनके जीवन में कम उद्देश्य हैं। यदि आपके पास बहुत अधिक दुर्व्यवहार है, तो आपके पास कई और अवसादग्रस्त लक्षण हैं। इसलिए यदि आपके पास अधिक भावनात्मक शोषण और कम उद्देश्य है, तो आपके पास अधिक अवसादग्रस्त लक्षण हैं। आइए उन लोगों को वयस्कों के रूप में देखें जिनके भावनात्मक शोषण की मात्रा की परवाह किए बिना उनके जीवन में एक उच्च मजबूत उद्देश्य है, जिसे आपने एक बच्चे के रूप में रिपोर्ट किया था, यदि आप अपने जीवन में एक मजबूत उद्देश्य वाले वयस्क हैं, तो ऐसा नहीं है आपके पास अवसादग्रस्त लक्षणों की मात्रा को प्रभावित करें। तो यह फिर से काम पर बफरिंग परिकल्पना है, हम इसे एक सांख्यिकीय बातचीत के रूप में देखते हैं। तो वहाँ एक बातचीत है जहाँ जीवन में उद्देश्य एक मध्यम कारक बन जाता है, आपके अवसादग्रस्त लक्षणों पर बचपन के दुरुपयोग के प्रभाव को नियंत्रित करता है। तो यह फिर से है, यह बफरिंग परिकल्पना एक तनाव, उद्देश्य और लचीलापन से संबंधित है। तो एक व्यक्ति जो शायद मेरे दिमाग में किसी से भी अधिक लचीलापन का प्रतिनिधित्व करता है, वह विक्टर फ्रैंकल है जो तीन अलग-अलग एकाग्रता शिविरों से गुजरा था। वह इन शिविरों में बंदियों के लिए वैद्य बना दिया गया क्योंकि वह एक चिकित्सक था, लेकिन वह खुद भी एक कैदी था। और उसने देखा कि कई कैदी बीमारी से मरेंगे, वे भूख से मरेंगे, और अक्सर उन्हें सीधे ही मार दिया जाता था। लेकिन उन्होंने पाया कि जिन लोगों के पास एक मजबूत उद्देश्य था और वे अपने जीवन में एक मजबूत उद्देश्य और अर्थ बनाए रख सकते थे, अगर उनकी एकमुश्त हत्या नहीं की गई तो उनके जीवित रहने की संभावना अधिक थी। तो यह अत्यधिक तनाव के

प्रभाव को बफर करने और लोगों को अधिक लचीला बनाने के उद्देश्य का क्लासिक मामला है। और वास्तव में, उन्होंने "मनुष्य के अर्थ की खोज" में लिखा, " उस पर जिसने अपने जीवन में कोई अर्थ नहीं देखा, कोई लक्ष्य नहीं, कोई उद्देश्य नहीं, और इसलिए आगे बढ़ने का कोई मतलब नहीं था। वह जल्द ही खो गया था।"

कभी-कभी ये तनाव कारक वास्तव में आपके जीवन के उद्देश्य को बढ़ा सकते हैं, या आपके जीवन में एक मजबूत, अधिक प्रामाणिक उद्देश्य बना सकते हैं। और आपके जीवन का यह नया उद्देश्य विकास का निर्माण कर सकता है, और हम इसे अभिघातज/Trauma के बाद का विकास कह सकते हैं। इसलिए मैं अभिघातज/Trauma के बाद के विकास के इस विचार को कवर करना चाहूंगा। इसके पैमाने हैं, अभिघातज के बाद के विकास के मनोवैज्ञानिक उपाय, और अक्सर वे इस प्रकार के प्रश्नों से संबंधित होते हैं। तो ये तीन प्रश्न हैं जो एक बहुत ही लोकप्रिय पोस्टट्रूमैटिक ग्रोथ स्केल का हिस्सा हैं। और वे विषयों से यह रिपोर्ट करने के लिए कहते हैं कि वे इन कथनों से कितना सहमत या असहमत हैं। मैंने अपनी प्राथमिकताओं को बदल दिया है कि जीवन में क्या महत्वपूर्ण है। मैंने अपने जीवन में एक नया रास्ता स्थापित किया। आप देखते हैं कि वे दोनों सीधे उद्देश्य से संबंधित हैं और आपके जीवन में एक मजबूत उद्देश्य रखते हैं। तो आपके जीवन में जो महत्वपूर्ण है, वह आपके मूल मूल्य हैं, और मूल्य, जैसा कि हम जानते हैं, वास्तव में एक उद्देश्य होने का हिस्सा हैं। मेरे जीवन में एक नया मार्ग या दिशा है। यह उद्देश्य से संबंधित है। और फिर तीसरा प्रश्न जो मैंने यहां जोड़ा, यह भी पैमाने का हिस्सा है। मैंने पाया कि मैं जितना सोचता था उससे कहीं ज्यादा मजबूत हूं। इसलिए किसी ऐसी घटना या किसी समय के बारे में सोचें, जहां आपको वास्तव में अपने जीवन में चुनौती दी गई थी। अब उस पर पीछे मुड़कर देखें। खुद से पूछें; क्या मैं अब पहले से ज्यादा मजबूत हूं? क्या उस अनुभव ने वास्तव में मुझे बढ़ने में मदद की? तो उस मामले में और उस मामले में जीवन में उद्देश्य की भूमिका में जाना चाहते हैं। इसलिए बहुत बार ये तनाव आपके जीवन में एक नई दिशा का कारण बनते हैं, और आपके आत्मविश्वास या स्वयं की

प्रभावकारिता, आपकी शक्ति की भावना और इस प्रकार की समस्याओं को हल करने की आपकी क्षमता में भी सुधार करते हैं, जिससे अधिक से अधिक विकास होता है।

अब, उन सभी चीजों को देखें जो वे देख रहे थे। उन्होंने चीजों को देखा जैसे आप कितने उत्सुक हैं? आप कितने आशावादी होते हैं? आप अपने समुदाय में कितने एकीकृत हैं? दूसरे शब्दों में, आपके पास किस प्रकार का सामाजिक नेटवर्क या सामाजिक समर्थन हो सकता है? वे इस बढ़ती पोस्टट्रॉमेटिक ग्रोथ की भविष्यवाणी नहीं कर रहे थे। उन्होंने जो पाया वह यह था कि कृतज्ञता थी, और जीवन में उद्देश्य भी था। ये लोगों की दो पार करने वाली विशेषताएं हैं। इसलिए यदि मैं नियमित रूप से कृतज्ञता महसूस कर सकता हूं, यदि मेरे जीवन में कोई श्रेष्ठ उद्देश्य है, तो वे दो चीजें इन दिग्गजों के बीच चार वर्षों के विकास की भविष्यवाणी कर रही थीं। हम बीमारी को उद्देश्य के भविष्यवक्ता के रूप में भी देख सकते हैं। बहुत बार जब हम बीमार पड़ते हैं, विशेष रूप से कोई बड़ी बीमारी जैसे कैंसर, या अगर हमें अचानक दिल का दौरा पड़ता है, या कोई बड़ी समस्या होती है, तो कभी-कभी वह वास्तव में हमें जीवन में एक उद्देश्य दे सकती है। जब हम हर समय डरते हैं। तो हमारा अमिगडाला चमक सकता है, और हम थोड़ी देर के लिए घबरा जाते हैं या डर जाते हैं। लेकिन फिर अचानक, हम अपने वेंट्रोमेडियल प्रीफ्रंटल कॉर्टेक्स के साथ अपने जीवन में इस बड़े उद्देश्य और अर्थ का निर्माण शुरू करते हैं, यह अधिक दिशा, मजबूत निर्णय लेने का एक तरीका है। और परिणामस्वरूप, हम बढ़ने लगते हैं।

इसलिए हमने पहले मार्ग के मनोवैज्ञानिक होने के बारे में बात की है, और उस मनोवैज्ञानिक मार्ग में अक्सर तनावों के प्रति हमारी प्रतिक्रिया शामिल होती है। इसलिए जब हम एक तनाव का अनुभव करते हैं, यदि हमारे पास एक मजबूत उद्देश्य है, तो उद्देश्य तनाव या चुनौती के प्रभाव को कम कर सकता है। इसके बारे में सोचने का एक और तरीका यह भी है कि तनाव वास्तव में हमारे जीवन में एक मजबूत, अधिक प्रामाणिक उद्देश्य बना सकते हैं।

व्यवहार मार्ग/Behavioral Pathway

हालांकि उद्देश्य हमें अपने व्यवहार को बदलने में भी मदद करता है, और यह वास्तव में एक महत्वपूर्ण मार्ग है अर्थात व्यवहार मार्ग [3]। इसलिए हम जानते हैं कि जब हमारे पास जीवन में एक मजबूत उद्देश्य होता है, तो हम अपने व्यवहार को सकारात्मक दिशा में संलग्न करने या बदलने की अधिक संभावना रखते हैं। और जिन व्यवहारों के बारे में मैं बात कर रहा हूं वे अक्सर स्वास्थ्य संबंधी व्यवहार होते हैं, इसलिए ये व्यवहार स्वास्थ्य परिणामों को प्रभावित करते हैं। इसलिए अगर मैं तय करता हूं कि मैं धूम्रपान छोड़ दूंगा, या अपना शराब पीना कम कर दूंगा, या अधिक कसरत करूंगा, या बेहतर आहार खाऊंगा, या कैंसर या ऐसा ही कुछ जांच करवाऊंगा। हम पाते हैं कि जीवन में उद्देश्य अक्सर उन प्रकार के व्यवहार परिवर्तनों की ओर ले जाता है, जो स्वास्थ्य परिणामों को सकारात्मक तरीके से प्रभावित करते हैं और वास्तव में हमें लंबे समय तक जीने में मदद करते हैं। और अब कम से कम तीन प्रमुख अध्ययन हैं जो उद्देश्य वाले लोगों के बीच दीर्घायु को देख रहे हैं, और हम जानते हैं कि एक मजबूत उद्देश्य वाले लोग लंबे समय तक जीवित रहते हैं, जो कि बहुत बढ़िया है। और यह पता लगाने की कोशिश में कि क्यों, ठीक है, यह मनोवैज्ञानिक मार्ग है, क्योंकि यह तनाव के प्रभाव को बफर कर सकता है, या यह वास्तव में कुछ अभिघातजन्य विकास को जन्म दे सकता है, जो हमें लंबे समय तक जीने में मदद कर सकता है। लेकिन बहुत महत्वपूर्ण बात यह है कि एक मजबूत उद्देश्य होने से व्यवहार में अधिक परिवर्तन होता है, जिससे स्वास्थ्य के परिणाम सामने आते हैं, जो हमें लंबे समय तक जीने में मदद करता है। इसलिए हम इस मार्ग को खोलने जा रहे हैं, यह व्यवहार मार्ग, इस पर थोड़ा और अधिक कैसे जीवन में उद्देश्य अधिक व्यवहार परिवर्तन की ओर ले जाता है। इसलिए हम जानते हैं कि जब लोग हमें बताते हैं कि आपको बेहतर खाने की ज़रूरत है, तो आपको व्यायाम करने की ज़रूरत है, आपको आराम करने की ज़रूरत है, जैसे कि इससे आपको अधिक तनाव नहीं होता है, या आपको धूम्रपान छोड़ने की ज़रूरत है। उन चीजों में से कोई भी, लोग आपको कुछ ऐसा बताने के लिए आपको परेशान कर रहे हैं, हमें धमकी दी जाती है, है ना? और क्या होता है जब हमें खतरा हो

जाता है, हम पहले ही अमिगडाला के बारे में बात कर चुके हैं और यह कैसे बढ़ता है। ठीक है, हम भी मूल रूप से अधिक रक्षात्मक हो जाते हैं, है ना? तो जब लोग कहते हैं, आपको वास्तव में इस तरह के आहार पर जाने की ज़रूरत है, आपको यह करने की ज़रूरत है, आपको वह करने की ज़रूरत है, अक्सर हम कहते हैं, शायद यह आपके लिए या अन्य लोगों के लिए अच्छा है, यह मेरे लिए अच्छा नहीं है। उद्देश्यपूर्ण मूल मूल्यों के बारे में सोचना शुरू करते हैं?

आइए वास्तव में एक अच्छे अध्ययन पर चलते हैं जिसमें कि डॉ विक्टर स्ट्रेचर अपने कुछ सहयोगियों के साथ शामिल थे। इसलिए उन्होंने गतिहीन वयस्कों के साथ शुरुआत की। ये कॉलेज के छात्र नहीं थे, ये सिर्फ गतिहीन वयस्क हैं। उन्होंने अखबार में विज्ञापन भेजकर कहा, अगर आप वयस्क हैं और आप ज्यादा मेहनत नहीं करते हैं, तो हम आपसे बात करना चाहते हैं। तो इन लोगों में आम तौर पर एक उच्च बॉडी मास इंडेक्स, या बीएमआई होता था, और वे काउच पोटेटो होते थे। वे बस एक तरह से घूमने की प्रवृत्ति रखते थे और इतना अधिक काम नहीं करते थे। तो हमने जो किया वह उन्हें एमआरआई में दो अलग-अलग समूहों में यादृच्छिक/ Random बना दिया। इसलिए हमने उन्हें कार्यात्मक चुंबकीय अनुनाद इमेजिंग में रखा, उन्हें एक समूह में यादृच्छिक किया, जहां उन्होंने अपने मूल उद्देश्यपूर्ण मूल्यों की आत्म-पुष्टि करना शुरू कर दिया। तो याद रखें, जीवन में उद्देश्य का एक बड़ा घटक वे चीजें हैं जिन्हें आप सबसे अधिक महत्व देते हैं, याद रखें? इसलिए हम लोगों से पूछना शुरू करते हैं कि वे कौन सी चीजें हैं जिन्हें आप सबसे ज्यादा महत्व देते हैं, हम चाहते हैं कि आप उनके बारे में सोचना शुरू करें, जबकि वे एमआरआई में हैं और हम उनके मस्तिष्क को स्कैन करना शुरू कर रहे हैं। दूसरे समूह, कोई पुष्टि नहीं थी। हमने उनसे अपने महत्वपूर्ण मूल मूल्यों की स्वयं पुष्टि करने के लिए नहीं कहा। इसलिए वे यादृच्छिक हैं, जबकि वे चुंबकीय अनुनाद इमेजिंग मशीन में हैं। फिर दोनों समूहों में हमने कहा, आपको और अधिक कसरत करने की आवश्यकता है, और हमने अभी उन्हें व्यायाम के लाभों के बारे में बताया। मूल रूप से हमने जो किया वह

उनके अहंकार को खतरा था, हमने उन्हें धमकी दी थी। हमने कहा, देखो, यह तुम्हारे लिए सचमुच महत्वपूर्ण है। आप गतिहीन हैं; आपको और अधिक कसरत करने की आवश्यकता है। तो उसके बाद हमने उन्हें एक्सेलेरोमीटर दिया। और एक्सेलेरोमीटर सिर्फ उनकी कलाई पर था, और हम यह देखने में सक्षम थे कि इसके परिणामस्वरूप उन्होंने कितना काम किया। और हमने उन्हें एक स्मार्टफोन भी दिया। और स्व-पुष्टि समूह में स्मार्टफ़ोन पर, जहां हम उनके मूल उद्देश्यपूर्ण मूल्यों की पुष्टि कर रहे हैं, हर दिन हमने उनके मूल उद्देश्यपूर्ण मूल्यों में से एक के बारे में बात की और यह कितना महत्वपूर्ण था। हमने उन्हें और अधिक काम करना भी सिखाया, इसलिए हमने उन्हें संसाधन दिए। मूल रूप से यहां सलाह दी गई है कि कैसे अधिक चलना है; हो सकता है कि आप दोपहर के भोजन के दौरान दिन में चलना चाहें। हो सकता है कि आप एक पैदल बैठक करना चाहते हों, हो सकता है कि दिन के अंत में ब्लॉक के चारों ओर घूमना हो, जो कुछ भी हो, हमने उन्हें हर दिन सलाह दी। लेकिन हमने उनके मूल उद्देश्यपूर्ण मूल्यों के इस आत्म-पुष्टि को भी शामिल किया। नियंत्रण की स्थिति में, हमने उन्हें अधिक काम करने का तरीका दिया, मूल रूप से, कम गतिहीन कैसे बनें, वही संसाधन जो हमने अपनी प्रयोगात्मक स्थिति में दिए थे। लेकिन हमने स्मार्टफोन में रोजाना कोई सेल्फ-फर्मिंग मैसेज शामिल नहीं किया। तो इन दो समूहों के बीच अब तक का एकमात्र अंतर यह है कि हम चुंबकीय अनुनाद इमेजिंग मशीन में शुरू में मूल उद्देश्यपूर्ण मूल्यों की पुष्टि कर रहे थे, ताकि हम देख सकें कि मस्तिष्क का कौन सा हिस्सा प्रकाश कर रहा था जब उनके मूल उद्देश्यपूर्ण मूल्यों की पुष्टि हो रही थी। और फिर एक महीने के लिए हर दिन एक बार कहा गया था:

एक्सेलेरोमीटर के माध्यम से उनके कदमों का अनुसरण करते हुए, एक फिट बिट के बारे में सोचें या ऐसा कुछ, उन चीजों में, उनमें एक्सेलेरोमीटर है और वे कदमों की सटीक निगरानी कर सकते हैं। इसलिए एक महीने में हम यह देखना शुरू कर सकते हैं कि क्या लोगों ने अपने गतिहीन व्यवहार को कम किया है। इसलिए हम एक ऐसी रेखा की तलाश कर रहे हैं जो समय के साथ कम होने लगे, यानी मैं कम गतिहीन

हो रहा हूं, मैं समय के साथ अधिक काम कर रहा हूं। तो पहली चीज जो हम जानना चाहते थे, हालांकि जब हम लोगों ने एमआरआई में अपने मूल मूल्यों की पुष्टि की थी, तो मस्तिष्क का कौन सा हिस्सा प्रकाश कर रहा था? जैसा कि आप अनुमान लगा सकते हैं, वेंट्रल मेडियल प्रीफ्रंटल कॉर्टेक्स, वीएमपीएफसी, गैर-पुष्टि समूह की तुलना में पुष्टि समूह में अधिक सक्रिय हो गया। तो यह कुछ ऐसा है जिसे हम देखने की उम्मीद कर रहे थे, निश्चित रूप से हमने वह देखा। इसलिए वीएमपीएफसी उस समूह में अधिक सक्रिय हो रहा था जो उनके मूल उद्देश्यपूर्ण मूल्यों की पुष्टि कर रहा था। अब देखते हैं कि उनके स्वास्थ्य व्यवहार का क्या होता है। यह पता चला है कि जो समूह पुष्टि कर रहा था, उसने अपने मूल उद्देश्यपूर्ण मूल्य की पुष्टि नहीं करने वाले समूह की तुलना में इन 30 दिनों में अपने गतिहीन व्यवहार को काफी कम कर दिया। याद रखें, दोनों समूहों में हम कह रहे हैं, आपको और अधिक काम करने की आवश्यकता है, और हमने उन्हें एक स्मार्टफ़ोन दिया, और हर रोज़ इसने उन्हें और अधिक काम करने का तरीका दिया। तो आप गैर-पुष्टि समूह में गतिहीन गतिविधि में थोड़ी कमी की उम्मीद कर सकते हैं, जो हमने देखा, लेकिन हमने पुष्टि समूह में यह बहुत बड़ा अंतर पाया। हमने गतिहीन व्यवहार में एक बड़ा बदलाव पाया, एक बड़ी कमी। यहाँ दूसरी चीज़ है जो हमने पाई, हमने पाया कि इस स्कैन में इस उदर मेडियल प्रीफ्रंटल कॉर्टेक्स में जितनी अधिक गतिविधि हुई है, उतना ही उन्होंने अपने गतिहीन व्यवहार को कम किया है। तो यह सुझाव दे रहा है कि हम वास्तव में क्या हो रहा है इसके लिए एक तंत्र ढूंढ रहे हैं। जैसा कि आप और अधिक पुष्टि कर रहे हैं, अधिक रक्त प्रवाह आपके मस्तिष्क के निर्णय लेने वाले हिस्से में चला जाता है।

मान/मूल्य/Values

अब एक बड़ा सवाल यह है कि क्या सभी मूल्य समान रूप से मूल्यवान हैं? क्योंकि जब हम इन मूल्यों के बारे में बात कर रहे हैं, जिसकी पुष्टि लोग कर रहे हैं, तो कुछ लोग मूल्यों की पुष्टि कर रहे होंगे, जैसे कि मेरे पास एक स्पोर्ट्स कार होने का मूल्य है और कोई अन्य व्यक्ति कह सकता है, मैं अपने परिवार या अपने समुदाय या प्यार या

करुणा को महत्व देता हूं। तो विभिन्न प्रकार के मूल्य हैं। अरस्तू और सुकरात ने यूडैमोनिक मूल्यों के बारे में चर्चा की है, जो स्व-पारस्परिक मूल्य बनाम सुखवादी मूल्य, आत्म-बढ़ाने वाले मूल्य होंगे।

हमारे मूल्यों का मूल्य हो सकता है। जरा इस बारे में सोचें, हमारे पास चॉकलेट बार हो सकता है। हम अपने माता-पिता के बारे में सोच रहे होंगे। हम एक नई कार के बारे में सोच रहे होंगे जो हम वास्तव में चाहते हैं। हम शायद हर तरह की चीजों के बारे में सोच रहे होंगे। वे ऐसी अलग चीजें हैं। हम किसी भी तरह उन सभी को एक ही पैमाने पर कैसे रखते हैं ताकि हम उन मूल्यों का मूल्यांकन कर सकें जो हम हर समय देखते हैं? उनमें से प्रत्येक वस्तु हमारे लिए मूल्यवान हो सकती है। लेकिन हम एक ही स्थान में उन सभी के बारे में किसी प्रकार के पैमाने या सोचने के तरीके का निर्माण कैसे करते हैं? ऐसा कुछ है जो वीएमपीएफसी करता है। और इसलिए उदाहरण के लिए, मुझे स्पोर्ट्स कार में दिलचस्पी हो सकती है, लेकिन मुझे अपने परिवार की देखभाल करने में भी दिलचस्पी हो सकती है। दो पूरी तरह से अलग मूल्य, है ना? तो मैं जानना चाहता हूं कि उद्देश्य की भावना किसी तरह मुझे उन चीजों को रखने में कैसे मदद करती है, उन्हें एक ही स्थान पर इकट्ठा करती है कि मैं उन दोनों चीजों का एक साथ मूल्यांकन कर सकूं और कहूं, आप जानते हैं कि, कुल मिलाकर, उन दो अलग-अलग चीजों के बारे में क्या सोच रहा हूं, मैं हूं अपने परिवार पर अधिक ध्यान केंद्रित करने जा रहा हूं। मैं अब कम विवादित हूं, और इसलिए शायद उस उदाहरण के परिणामस्वरूप, मैं अधिक पैसा कमा रहा हूं, या कुछ अन्य सकारात्मक परिणाम प्राप्त कर रहा हूं। यह एमिली फाल्क है। वह पेन्सिलवेनिया विश्वविद्यालय की एक न्यूरो वैज्ञानिक और शोधकर्ता हैं। जब उनसे वीएमपीएफसी की भूमिका के बारे में पूछा गया तो उन्होंने तंत्रिका विज्ञान में बहुत अधिक शोध किया और उन्होंने यही कहा। उसने कहा कि वीएमपीएफसी मस्तिष्क के इन सभी अन्य हिस्सों से इनपुट ले रहा है और उन्हें एक सामान्य मूल्य संकेत, इस तरह के सामान्य स्थान में एकीकृत कर रहा है। सामान्य मूल्य संकेत का कार्य उन चीजों के बारे में तुलना करने और निर्णय लेने में हमारी सहायता करना है जो स्वाभाविक रूप से तुलनीय

नहीं हैं। यह वास्तव में यही वीएमपीएफसी कर रहा है, और शायद इसकी भूमिका जैसा कि हम उद्देश्य और मूल मूल्यों के बारे में सोचते हैं जो हमारे पास बहुत अलग हैं। हमने उसकी प्रयोगशाला में यह भी पाया है कि जिन लोगों का उद्देश्य मजबूत होता है वे कम परस्पर विरोधी होते हैं। तो हम हमेशा किस प्रकार के मूल्यों से संघर्ष करते हैं, है ना? और vmPFC विभिन्न मूल्यों का मूल्यांकन करने में सहायक है, जैसा कि मैंने पहले कहा था। लेकिन बहुत बार, हमारे ऐसे मूल्य होते हैं जो एक दूसरे के साथ संघर्ष करते हैं। तो दिन के अंत में, हम थोड़े थके हुए हो सकते हैं, हम घर आ जाते हैं और हम सोच रहे हैं, लड़के, मुझे एक पेय चाहिए। मुझे कुछ मादक पेय चाहिए, एक पुराने जमाने का, या मुझे एक गिलास शराब, या कुछ और चाहिए। और फिर भी शायद हमारे बच्चों को वास्तव में हमारे साथ खेलने की ज़रूरत है, या शायद हमारा जीवनसाथी या साथी वास्तव में हमारे साथ घूमना चाहता है और दिन के बारे में कुछ और बात करना चाहता है। इसलिए हमारा टकराव है। यह पता चला है कि यदि आपके पास एक मजबूत उद्देश्य है, तो आप कम विवादित हैं। मस्तिष्क का एक हिस्सा है जो वास्तव में दिलचस्प है कि हमने एक मजबूत उद्देश्य वाले लोगों के बीच एक कमजोर उद्देश्य वाले लोगों के बीच अध्ययन किया, और हमने उनके लिए संघर्ष का परिचय दिया। हमने गतिहीन लोगों के बीच यह विचार पेश किया कि आपको वास्तव में और अधिक काम करने की आवश्यकता है और यह एक गतिहीन व्यक्ति में संघर्ष पैदा करता है। ठीक है, मैं टीवी देखना और पॉपकॉर्न या कुछ भी खाना पसंद करूंगा, या मुझे काम करना होगा। अब, मुझे यह पता लगाना है कि कौन सा करना है, है ना? तो यह एक संघर्ष का परिचय देता है, और हम विशेष रूप से मस्तिष्क के उस हिस्से में रुचि रखते हैं जो संघर्ष से संबंधित है। और मस्तिष्क के इस हिस्से को पृष्ठीय पूर्वकाल सिंगुलेट प्रांतस्था, या डीएसीसी कहा जाता है। और यह पता चला है कि यदि आपके पास एक कमजोर उद्देश्य है और आप इस संघर्ष का परिचय देते हैं, तो उस डीएसीसी में अधिक सक्रियता चलती है, यह पृष्ठीय पूर्वकाल सिंगुलेट प्रांतस्था, यदि आपके पास एक मजबूत उद्देश्य है। तो यह क्या कह रहा है कि अगर मेरा कोई मजबूत उद्देश्य

है, तो मैं इतना विवादित नहीं हूं। मुझे बस इतना पता है कि मुझे क्या करना है। यह वास्तव में उद्देश्य का एक महत्वपूर्ण हिस्सा भी है। यह संघर्ष को कम करता है।

जैविक मार्ग/Biological Pathway

इसलिए हमने दो रास्तों के बारे में बात की है जिनका उद्देश्य सकारात्मक परिणाम दे सकता है। एक मनोवैज्ञानिक है, दूसरा व्यवहारिक है, और अब हम एक जैविक मार्ग के बारे में बात करने जा रहे हैं। हम इस जैविक मार्ग के बारे में थोड़ा कम जानते हैं, लेकिन कुछ शोध वास्तव में पेचीदा हैं और मैं इसे आपके साथ साझा करने का इंतजार नहीं कर सकता। इसलिए हम जानते हैं, उदाहरण के लिए, उद्देश्य और मूल मूल्यों की एक मजबूत यूडेमोनिक भावना वाले लोगों में प्रो-भड़काऊ सेल उत्पादन कम होता है। मुझे समझाने दो। अगर हमें तुरंत कट लग जाए तो प्रो-इंफ्लेमेटरी सेल का उत्पादन अच्छा होता है, क्योंकि हम चाहते हैं कि कट को बंद करने के लिए उस कट के आसपास की त्वचा में सूजन आ जाए। लेकिन हम बहुत अधिक प्रो-इंफ्लेमेटरी सेल उत्पादन नहीं चाहते हैं, यह गठिया पैदा करता है, यह हृदय रोग पैदा कर सकता है, यह गुर्दे की बीमारी पैदा कर सकता है, यह कैंसर का कारण भी बन सकता है। प्रो-भड़काऊ सेल उत्पादन के साथ सभी समस्याएं हैं, और हम इसे बहुत अधिक नहीं चाहते हैं। यह पता चला है कि मूल मूल्यों और उद्देश्य के एक मजबूत हेडोनिक सेट वाले लोग इस प्रो-भड़काऊ सेल उत्पादन का उत्पादन करने की अधिक संभावना रखते हैं, जो मूल मूल्यों और उद्देश्य के एक उदारवादी या आत्म-पारस्परिक सेट वाले लोगों की तुलना में अधिक होते हैं। हम यह भी जानते हैं कि एक मजबूत यूडेमोनिक कोर वैल्यू सेट और उद्देश्य वाले लोग अधिक एंटीबॉडी का उत्पादन करते हैं। हम वास्तव में एंटीबॉडी उत्पादन चाहते हैं, इसलिए यदि आसपास या कुछ भी वायरस हैं, तो एंटीबॉडी होना वास्तव में हमारे लिए उपयोगी है और हमें उनकी आवश्यकता है। इसलिए हम जानते हैं कि मूल मूल्यों और उद्देश्य के एक मजबूत यूडेमोनिक या आत्म-पारस्परिक सेट वाले लोगों में मूल मूल्यों और उद्देश्य के एक अधिक सुखी या आत्म-बढ़ाने वाले सेट वाले लोगों की तुलना में अधिक

एंटीबॉडी का उत्पादन होता है। अब, वास्तव में एक दिलचस्प अध्ययन के लिए, आइए हमारे गुणसूत्रों पर चलते हैं और यह सिर्फ एक गुणसूत्र का प्रतिनिधित्व है। हमारे गुणसूत्रों में हमारा डीएनए होता है, और हमारे गुणसूत्रों के सिरों पर ये टोपियां होती हैं, और इन टोपियों को टेलोमेरेस कहा जाता है। टोपियां लगभग हमारे जूते के फीतों की प्लास्टिक की टोपियों की तरह होती हैं जो हमारे जूतों के फीतों को टूटने से बचाती हैं। हम जानते हैं कि जब वे टोपियां फट जाती हैं या छोटी हो जाती हैं, तो हमारे जूतों के फीते टूटने लगते हैं और हमें नए जूतों की जरूरत होती है। यह पता चलता है कि जब हमारे टेलोमेरेस छोटा होने लगते हैं, तो हमें नए जीवन की आवश्यकता होती है, और यह एक समस्या है। इसलिए हम ऐसे तरीके खोजना चाहते हैं जो टेलोमेयर की लंबाई बढ़ा सकें। टेलोमेरेज़ नामक एक एंजाइम होता है, यह एंजाइम हमारे टेलोमेरेस को ईंधन देता है। यह आसानी से सुलभ है, हम इसे रक्त में देख सकते हैं और हम यह पता लगा सकते हैं कि आपके पास उच्च स्तर का टेलोमेरेज़ है जो आपके टेलोमेरेस को ईंधन देता है या निम्न-स्तर। इसके बारे में एक आकर्षक अध्ययन है जिसे "द टेलोमेरे इफेक्ट" नामक पुस्तक में लिखा गया था। टेलोमेरे इफेक्ट को एलिजाबेथ ब्लैकबर्न ने लिखा था, जो टेलोमेरेस की भूमिका की खोज के लिए 2009 में चिकित्सा में नोबेल पुरस्कार विजेता हैं। टेलोमेरे प्रभाव, हमारे गुणसूत्रों के इन सिरों को कैसे बनाए रखा जाए, जो वास्तव में हमारे डीएनए के स्वास्थ्य को बनाए रखते हैं, वास्तव में महत्वपूर्ण हैं। उनके बहुत से शुरुआती शोध ध्यान से संबंधित थे। तो एक काम जो एलिसा एपेल और एलिजाबेथ ब्लैकबर्न ने किया है, वह था लोगों को मेडिटेशन रिट्रीट में प्रेममयी दया ध्यान का उपयोग जिसे करुणा ध्यान कहा जाता है। आप अन्य लोगों के लिए खुशी और दुख से मुक्ति की कामना करते हैं, यहां तक कि उन लोगों के लिए भी जिन्हें आप पसंद नहीं करते हैं। यह एक अद्भुत ध्यान है। हमने पहले प्रेम दयालुता ध्यान के महत्व के बारे में बात की है और यह कैसे अनुमान लगाता है कि वेंट्रल मेडियल प्रीफ्रंटल कॉर्टेक्स कहां है। तो एमिली फॉक के साथ कांग नाम के एक शोधकर्ता द्वारा चलाए गए हमारे कुछ शोधों ने मस्तिष्क के उस हिस्से का अध्ययन किया है

जो इस सुंदर प्रेमपूर्ण ध्यान के परिणामस्वरूप सक्रिय होता है। खैर, एलिसा एपेल और एलिजाबेथ ब्लैकबर्न ने लोगों को प्रेमपूर्ण दया ध्यान में लगाने के बाद पाया कि इससे लोगों के जीवन के उद्देश्य में सुधार हुआ है। बदले में जीवन में उद्देश्य में सुधार ने टेलोमेरेज़ में वृद्धि की, एंजाइम जो हमारे टेलोमेरेस को ईंधन देता है। तो आपको पूछना होगा, क्यों। उद्देश्य हमारे शरीर क्रिया विज्ञान को क्यों प्रभावित करता है? खैर, इसके बारे में सोचने का एक तरीका सवाना पर लगभग 100,000 साल पीछे जाना और विकासवादी जीव विज्ञान के बारे में सोचना है। एक छोटे से परिवार के बारे में सोचते हैं, एक माँ और उसके दो बच्चे इस छोटे से गाँव में 1,00,000 साल पहले एक गुफा में रहते थे, और फिर अचानक एक शेर गाँव में चला जाता है, या एक कृपाण दाँत वाला बाघ गाँव में चला जाता है या जो कुछ भी जा रहा है। गांव में घुसने और इस परिवार को धमकाने के लिए। उस समय क्या हो सकता है? आप माँ को यह कहते हुए देख सकते हैं, " बच्चो तुम भागो। मैं कृपाण-दाँत वाले बाघ से निपटूँगी।" खैर, माँ को क्या होता है? ठीक है, बेशक, वह मार कर खा ली जाती है। लेकिन बच्चे भाग जाते हैं, और शायद बच्चे दूसरे बच्चों से मिलते हैं और हो सकता है कि उनके पास और भी बच्चे हो । यह एक जैविक उत्तर या तंत्र होगा कि क्यों सामाजिक-समर्थक व्यवहार, यह श्रेष्ठ व्यवहार और दयालु व्यवहार वास्तव में सकारात्मक स्वास्थ्य परिणामों का कारण बन सकता है। जैसे मैं अपने बच्चों की देखभाल करने जा रहा हूं चाहे जो भी हो, वास्तव में उस व्यक्ति के जीन के अधिक प्रजनन और प्रतिकृति के साथ समाप्त हो सकता है, भले ही वह व्यक्ति अपने बच्चों के लिए खुद को बलिदान कर दे। क्या इसका कोई मतलब है? तो आइए यहां गुफा में जाएं और देखें कि इसमें क्या है । मान लीजिए कि ये बच्चे अंततः गुफा में वापस चले जाते हैं और वे गुफा चित्र बनाना शुरू कर देते हैं। वे गुफा चित्र बहुत सारी अलग-अलग चीजों के बारे में हैं। सबसे पहले, वे अपने स्वयं के हाथ के निशान को पॉप अप कर सकते हैं, जो 40,000 साल पहले के आसपास विभिन्न गुफा चित्र बहुत सी गुफाओं में पाए जाते हैं । लोग बस अपने हाथों के निशान और बहुत से लोगों के हाथ के निशान लगाना पसंद करते थे। तो एक जुड़ाव

है जो चल रहा था। उन्होंने सहयोग की बात भी की। उन्होंने नई चीजें सीखने के बारे में भी बात की। तो कल्पना कीजिए कि कैसे ये सामाजिक समर्थक व्यवहार, जैसे किसी को कुछ करना सिखाना, किसी को तैरना सिखाना या किसी को शिकार करना सिखाना, यह वास्तव में महत्वपूर्ण है। या हो सकता है सहयोग, जैसा कि एक शिकार में, आप चाहते हैं कि लोग सहयोग करें ताकि वे अधिक खेल के साथ समाप्त हो सकें, ताकि वे बेहतर खा सकें, ताकि उनके जीन को अधिक संभावना से पुन: उत्पन्न किया जा सके। या हो सकता है कि देखभाल जैसी चीजें, जहां आप किसी और की देखभाल कर रहे हों। हम जानते हैं कि ये सामाजिक-समर्थक व्यवहार, और दूसरे शब्दों में, समय के साथ जीन पूल को आगे बढ़ाने के लिए लोगों के आत्म-पारस्परिक उद्देश्य बहुत महत्वपूर्ण हो सकते हैं। हम जानते हैं कि प्यार, देखभाल, करुणा, शिक्षण सभी सकारात्मक, आत्म-पारस्परिक उद्देश्य हैं जिनसे लोग जुड़ सकते हैं। हम यह भी जानते हैं कि एक पहचान होना महत्वपूर्ण है। तो हो सकता है एक व्यक्ति जो अपने नृत्य में कपड़े से बनी बाली कानों में पहने, शायद वह एक निश्चित पहचान है। पहचान क्यों महत्वपूर्ण होगी? ठीक है, मुझे लगता है कि यह महत्वपूर्ण होगा क्योंकि आप एक व्यक्ति को दूसरे व्यक्ति से अलग करने में सक्षम होंगे; नहीं तो सब एक जैसे होते, है न? इसलिए कुछ पहचान होना जरूरी है। फ्रेडरिक नीत्शे ने कहा था, "किसी के चरित्र को एक महान और दुर्लभ कला शैली देना महत्वपूर्ण है ।" जब हम उद्देश्य की परिभाषा के बारे में बात कर रहे हैं तो हमने नीत्शे के बारे में बात की। एक उद्देश्य की परिभाषा अपने आप से संबंधित है और आप कौन हैं, आपकी पहचान, साथ ही साथ आप क्या महत्व देते हैं। हम देख सकते हैं कि एक पहचान होने पर, हम देख सकते हैं कि इस मजबूत उद्देश्य के लिए सामाजिक-समर्थक व्यवहारों को महत्व देना वास्तव में महत्वपूर्ण है। तो उपरोक्त चर्चा का उद्देश्य मनोवैज्ञानिक मार्गों को समझना रहा है कि उद्देश्य हमारे जीवन, व्यवहार पथ और जैविक मार्गों को कैसे बदलता है।

स्रोत: डॉ. विक्टर स्ट्रेचर, प्रोफेसर, स्कूल ऑफ पब्लिक हेल्थ एंड मेडिसिन, मिशिगन विश्वविद्यालय द्वारा ऑडियो-वीडियो और

ऑनलाइन व्याख्यान, यू ट्यूब चैनल और कौरसेरा एजुकेशन के माध्यम से उनकी पुस्तक "लाइफ ऑन पर्पज" पर आधारित है।

वास्तविक जीवन में उद्देश्य कैसे काम करता है? How purpose works in real life?

6

वास्तविक जीवन में उद्देश्य कैसे काम करता है?

हम इस बारे में बात करेंगे कि वास्तविक दुनिया में विभिन्न परिस्थितियों में, जैसे कि कॉलेज, रोजगार और कार्यस्थल, सैन्य सेवा और उम्र बढ़ने और सेवानिवृत्ति, परिवार और समुदाय में उद्देश्य कैसे काम करता है । हम इस बात पर भी चर्चा करेंगे कि मनुष्य अपने जीवन के विभिन्न चरणों में, विभिन्न स्थानों और स्थितियों में अपने जीवन में अर्थ कैसे पा सकता है। वही हम बात करने जा रहे हैं। हम उनके सिद्धांत के साथ शुरू करेंगे कि उद्देश्य उन लोगों को कैसे प्रभावित करता है जो अभी भी युवा हैं, अभी भी वयस्कों में परिपक्व हो रहे हैं, और अक्सर किशोर अवस्था में हैं, लेकिन शिक्षा या सैन्य सेवा के माध्यम से तेजी से परिपक्व हो रहे हैं।

कॉलेज फ्रेशमेन/College freshmen

तो आइए एक नजर डालते हैं कॉलेज फ्रेशर्स पर, आइए शुरू करते हैं उनसे। आइए समय के साथ चलते हैं, साठ के दशक में शुरू करते हुए। आइए दो प्रमुख मूल्यों पर एक नज़र डालें जो कॉलेज के नए लोग कहेंगे कि यह मेरे लिए वास्तव में महत्वपूर्ण है। दो प्रमुख मूल्य थे जिन पर

मैं ध्यान देना चाहूंगा। एक है, "मैं आर्थिक रूप से बहुत समृद्ध होना चाहता हूं", और दूसरा है, "मैं अपने जीवन में एक सार्थक दर्शन रखना चाहता हूं।" आइए एक नजर डालते हैं कि साठ के दशक के बाद से हर पांच साल में कॉलेज के नए छात्रों में कैसे बदलाव आया। आप देख सकते हैं कि आर्थिक रूप से संपन्न होना सत्तर के दशक को पार कर गया है, जीवन का एक सार्थक दर्शन है और समय के साथ बढ़ता रहा। यह देखा गया है कि समय के साथ, छात्र आर्थिक रूप से संपन्न होने पर अधिक ध्यान केंद्रित करने लगते हैं और जीवन के इस सार्थक दर्शन को रखने में शायद थोड़ी कम रुचि रखते हैं। फिर भी मुझे लगता है कि यह पुस्तक जो कहना चाह रही है, वह यह है कि जीवन का एक सार्थक दर्शन होना, आपके जीवन में एक मजबूत उद्देश्य होना, और यह समझना कि अपने जीवन में उस उद्देश्य को कैसे बनाया जाए, वास्तव में महत्वपूर्ण है। क्योंकि देखो क्या होता है, जो छात्र कहते रहे, "मैं आर्थिक रूप से समृद्ध होना चाहता हूं", ठीक है, आप जानते हैं क्या? आपको वह मिला जो आप चाहते थे और यही अब हम देख सकते हैं।

यदि आप भारत में 1974 के बाद से औसत व्यक्तिगत आय को देखें तो प्रति व्यक्ति आय के अनुसार 1980-81 की कीमतों में भी रुपये से वृद्धि हुई है। 1974-75 में 1,469 रुपये से 1977-78 में 1,635, योजना अवधि के दौरान 2.6 प्रतिशत की वार्षिक औसत वृद्धि दर दर्शाता है। इसी तरह, 1980-81 की कीमतों पर प्रति व्यक्ति आय भी 1980-81 में 1,630 रुपये से बढ़कर 1984-85 में 1811 रुपये हो गई, जो योजना अवधि के दौरान 3.1 प्रतिशत की वार्षिक औसत वृद्धि दर्शाती है। फिर से 1980-81 की कीमतों पर प्रति व्यक्ति आय भी 1985-86 में 1,841 रुपये से बढ़कर 1989-90 में 2,157 रुपये हो गई, जो योजना अवधि के दौरान 3.5 प्रतिशत की वार्षिक औसत वृद्धि दर दर्शाती है। फिर से 1980-81 की कीमतों पर प्रति व्यक्ति आय भी 1992-93 में 2,243 रुपये से बढ़कर 1996-97 में 2,761 रुपये हो गई, जो योजना अवधि के दौरान 4.6 प्रतिशत की वार्षिक औसत वृद्धि दर दर्शाती है। 1993-94 की कीमतों पर प्रति व्यक्ति आय भी 1997-98 में 9,243.6 रुपये से बढ़कर 2001-02 में 10,753.7 रुपये हो गई, जो योजना अवधि के

दौरान 3.5 प्रतिशत की वार्षिक औसत वृद्धि दर दर्शाती है। बारहवीं योजना अवधि के दौरान, स्थिर कीमतों पर राष्ट्रीय आय (2011-12) 2012-13 में 8,193,427 करोड़ रुपये से बढ़कर 2014-15 (ए) में 9,400,266 करोड़ रुपये हो गई, जो 4.9 प्रतिशत की वार्षिक वृद्धि दर्शाती है। ये योजना की विभिन्न अवधियों के दौरान प्रति व्यक्ति आय और राष्ट्रीय आय के रुझान हैं।

स्रोत:https://www.Economicsdiscussion.net/national-income/national-income-during-different-plan-अवधि/ 19027 (विभिन्न योजना अवधियों के दौरान राष्ट्रीय आय, नताशा क्वाटिया द्वारा साझा किया गया लेख)

क्या खुशी बढ़ी है? कतई नहीं, वास्तव में खुशी थोड़ी सी कम हो जाती है। तो निश्चित तौर पर हमने ज्यादा पैसा कमाकर खुशियां नहीं बढ़ाई हैं। संभवतः पैसे की एक निश्चित सीमा है जिसे आपको बनाने की ज़रूरत है जो आपकी खुशी को बढ़ाएगी क्योंकि आपके पास पसंद की अधिक स्वतंत्रता होगी। यह होना बहुत जरूरी है। लेकिन व्यक्तिगत आय में इस नाटकीय वृद्धि के परिणामस्वरूप हमने निश्चित रूप रो भारत में अपनी समग्र आबादी को खुश नहीं किया है। कॉलेज के छात्रों के साथ भी यही हो रहा है जैसा कि मैं भी देख रहा हूं।

यदि हम आगे जांच करें, तो देख सकते हैं कि आने वाले हफ्तों, महीनों और वर्षों में, भारत बेरोजगारी, शराब के दुरुपयोग, आर्थिक कठिनाई, घरेलू हिंसा और ऋणग्रस्तता के कारण बड़े पैमाने पर मानसिक स्वास्थ्य संकट से पीड़ित होगा। जबकि यह अधिकांश आबादी को प्रभावित करेगा, यह गरीब, सबसे कमजोर और हाशिए पर रहने वाले समूहों को असमान रूप से प्रभावित करेगा। फिर भी सरकारी प्रयासों से इसे हर हाल में कम करने की जद्दोजहद जारी है।

विभिन्न कारणों से आत्महत्या से होने वाली मौतों का एक और ज्वलंत मुद्दा है। जिसके कारण, हम देख सकते हैं कि हम अपने जीवन में अपने उद्देश्य के स्तर को कम कर रहे हैं। हम देख सकते हैं कि दुनिया भर में हर साल लगभग दस लाख मौतें आत्महत्या के कारण होती हैं (विश्व स्वास्थ्य संगठन डब्ल्यूएचओ, 2012ए)। युवा लोग आत्मघाती

व्यवहार (WHO, 2012b, और c) के प्रति अधिक संवेदनशील होते हैं। भारत में नवीनतम डेटा (राष्ट्रीय अपराध रिकॉर्ड ब्यूरो-एनसीआरबी, 2015) की रिपोर्ट है कि वर्ष 2015 के दौरान देश में एक लाख से अधिक लोगों (1,33,623) ने आत्महत्या करके अपनी जान गंवाई और लगभग 32.8% आत्महत्या के शिकार युवा थे। 18 वर्ष से कम आयु वर्ग के 30 वर्ष से कम और लगभग 7% आत्महत्या पीड़ित 18 वर्ष से कम आयु के थे। निर्दिष्ट कारणों में, 'पारिवारिक समस्याएं' (307), 'बीमारी' (163), और 'परीक्षा में असफलता' (162) बच्चों (14 वर्ष से कम आयु) में आत्महत्या के मुख्य कारण थे। 'पारिवारिक समस्याएं' आत्महत्या का प्रमुख कारण थीं, जो 2015 के दौरान कुल आत्महत्याओं का 27.6% थी। 'अन्य पारिवारिक समस्याएं' (जो 'विवाह संबंधी मुद्दों' के अलावा अन्य को संदर्भित करती हैं) ने 18 साल और 18 साल से कम उम्र के बीच 2139 और 12633 को प्रेरित किया है। क्रमशः 30 वर्ष से कम आयु वर्ग के लिए (एनसीआरबी, 2015)। श्रीवास्तव (2002, जैसा कि रघु, 2013 में उद्धृत किया गया है) ने बताया कि आत्महत्या के अधिकांश प्रयास युवा (15-29 वर्ष की आयु) में थे, पुरुषों में (53%) महिलाओं की तुलना में (47%) और गरीब मध्यम वर्ग परिवार थे। । आत्मघाती विचार आत्महत्या के प्रयास का एक अग्रदूत है और तार्किक रूप से यह आत्मघाती कृत्यों (बेक, कोवाक्स, और वीसमैन, 1979) से पहले होता है। ओकारोल एट अल (1996) आत्महत्या के विचार को स्वयं की रिपोर्ट की गई इच्छाओं, विचारों या स्वयं की जान लेने की इच्छा के रूप में परिभाषित किया गया है। तनाव एक मनोवैज्ञानिक तथ्य है जो लंबे समय से मनोवैज्ञानिकों का ध्यान आकर्षित कर रहा है और अवसाद, निराशा, आत्मघाती व्यवहार और आत्महत्या के विचार के संबंध में व्यापक रूप से अध्ययन किया गया है। सराफिनो (1994) ने कहा, "तनाव वह स्थिति है जिसके परिणामस्वरूप व्यक्ति/पर्यावरण लेनदेन व्यक्ति को एक विसंगति का अनुभव कराता है - चाहे वह वास्तविक हो या नहीं - किसी स्थिति की मांगों और व्यक्ति की जैविक, मनोवैज्ञानिक या सामाजिक व्यवस्था के संसाधनों के बीच।"

स्रोत: इंटरनेशनल जर्नल ऑफ ह्यूमैनिटीज एंड सोशल साइंस इन्वेंशन आईएसएसएन (ऑनलाइन): 2319 - 7722, आईएसएसएन (प्रिंट): 2319 - 7714 www.ijhssi.org || खंड 6 अंक 9||सितंबर। 2017 || पीपी.21-32

उपर्युक्त से यह स्पष्ट है कि कालेज के विद्यार्थियों को उन्हें अपने जीवन को सार्थक बनाने के लिये अपने जीवन में एक मजबूत उद्देश्य स्थापित करना होगा, और यह समझना होगा कि अपने जीवन में उस उद्देश्य को कैसे बनाया जाए, वास्तव में महत्वपूर्ण है। आर्थिक समृद्घि का अपना एक अलग महत्व है परन्तु इसके साथ उन्हें अपने जीवन में एक सार्थक दर्शन को भी अपनाने का प्रयास करना होगा।

सैन्य/Military

तो आइए सेना से शुरू करते हैं, सैन्य/Military सेना, नौसेना और वायु सेना के रक्षा बलों के लिए इस्तेमाल किया जाने वाला एक सामान्य शब्द। मैं सेना के बारे में थोड़ी बात करने जा रहा हूं। कुछ ऐसा है जो सेना के जवानों को उनके असैन्य समकक्षों से अलग करता है। कॉलेज से बाहर होने के बाद, जीवन में एक उद्देश्य और अर्थ खोजने के लिए आगे की खोज करनी होगी; उपलब्ध अन्य सभी अवसरों के अलावा, वह सैन्य सेवा में भी शामिल होने का विकल्प चुनता है। सैन्य सेवा में शामिल होने के पीछे का मकसद न केवल राष्ट्र की सेवा करना है, बल्कि जीवन में उद्देश्य और अर्थ खोजने के अलावा अपनी आजीविका अर्जित करना भी है। शामिल होने के तुरंत बाद उन्हें प्रासंगिक ज्ञान प्राप्त करने के लिए तदनुसार प्रशिक्षित किया जाना है। सेना के भीतर सीखना एक सतत और सतत प्रक्रिया है। सेना में शामिल होने वाले नागरिकों को महीनों का गहन प्रशिक्षण प्राप्त होता है जो सैनिकों के मूल सिद्धांतों के साथ-साथ सेना की मूल परंपराओं, मानकों और नैतिकता पर जोर देता है। विशिष्ट सॉफ्ट स्किल्स (जैसे, टीम वर्क और समस्या-समाधान), व्यवहार (जैसे, नेतृत्व), और मूल्य (जैसे, वफादारी और कर्तव्य) एक निजी नागरिक से एक सैनिक में परिवर्तन के प्रत्यक्ष सीखने के परिणाम हैं। सैनिकों के सेना छोड़ने तक यह प्रशिक्षण और आकार देने की प्रक्रिया पूरी सेवा में जारी रहती है। जैसे, नागरिकों को सैनिकों में बदलने के

लिए व्यापक समय और धन समर्पित होता है। परन्तु इसके विपरीत, सैनिकों को वापस नागरिक जीवन में स्थानांतरित करने के लिए बहुत कम संसाधन आवंटित किए जाते हैं। हालाँकि वे अपनी उत्कृष्टता के बल पर नागरिक जीवन में स्थानांतरित होकर अपनी जिन्दगी को आगे बढाते हैं।

सैन्य सेवा जीवन के सभी क्षेत्रों में उत्कृष्टता प्राप्त करने का अवसर देती है और साथ ही सैन्य कर्मियों को जीवन में एक उद्देश्य एवं अर्थ खोजने की संभावनाओं का पता लगाने के लिए एक बेहतर जगह मिलती है।

कर्मचारी और कार्यस्थल/Employees and workplaces

तो हम इस बारे में बात कर रहे हैं कि वास्तविक जीवन में उद्देश्य वास्तविक दुनिया में लोगों की कैसे मदद कर सकता है । हमने कॉलेज और सेना के बारे में बात करके शुरुआत की। युवा वयस्कों के बीच अनुभव और उद्देश्य वास्तव में उनके परिणामों को आकार देने में कैसे मदद कर सकता है, उनके भविष्य को आकार देना वास्तव में बहुत महत्वपूर्ण है। अब हम इस बारे में थोड़ी बात करने जा रहे हैं कि क्या होता है जब आप काम पर होते हैं और कार्यस्थलों और उद्देश्यपूर्ण कार्यस्थलों के बारे में, उद्देश्यपूर्ण कर्मचारियों के बारे में, आप एक कार्यालय में रख-रखाव के साथ, एक शिक्षक, एक सिविल सेवक, एक राजनेता, एक फ्रीलांसर या उस मामले के लिए कोई भी जो नौकरी पर है या तो सरकारी या निजी एक कार्यकारी हो सकते हैं।

मैं अभी भी इस कोविड -19 महामारी के दौरान सबसे भयानक अनुभव को याद कर सकता हूं जब जीवन ने अपना अर्थ और उद्देश्य खोना शुरू कर दिया था। नियोक्ताओं, कर्मचारियों और कार्यस्थलों पर मुख्य प्रभावों को आसानी से देखा जा सकता है। इस अवधि के दौरान बहुत सारी बाधाएं थीं और अस्तित्व को बनाए रखना बहुत मुश्किल हो गया था। चारों ओर डर था। चिकित्सा पेशेवर/बिरादरी, पुलिस और एनजीओ जीवन बचाने के लिए चौबीसों घंटे काम कर रहे थे और साथ ही, सरकार ने नियोक्ताओं को बर्खास्तगी से बचने में मदद करने के लिए कई उपाय शुरू किए (उदाहरण के लिए रोजगार अनुबंधों को

निलंबित करके या काम के घंटे या वेतन को कम करके) और दूरस्थ काम करने में सक्षम बनाना और कार्यस्थलों और सामाजिक सुरक्षा योगदान पर महामारी के प्रभाव पर विचार करना।

सामाजिक दूरी बनाए रखने के लिए नियोक्ताओं को कार्यस्थलों में परिवर्तन लागू करने पड़े हैं, जिनमें शामिल हैं: कार्यस्थानों को अपनाना; बैठक कक्षों में लोगों की संख्या सीमित करना; और सफाई के उपायों को मजबूत करना। इसके अलावा, कंपनियों को कर्मचारियों के लिए दिशा-निर्देश प्रदान करना और प्रोटोकॉल (जैसे पोस्टर) बनाना; अनिवार्य दूरियों को चिह्नित करने ; अलग-अलग कर्मचारी जिनके पास COVID-19 होने का संदेह है या जिनका किसी ऐसे व्यक्ति से संपर्क है, जिन्हें COVID-19 होने की पुष्टि हुई है को कार्यस्थल में प्रवेश करने की अनुमति देने से पहले कर्मचारियों के तापमान की जाँच करना इत्यादि।

जल्द ही, संघर्ष समाप्त हो गया और जीवन के पुनरुद्धार ने सभी को पहले की तरह उसी मोड पर ला दिया। लोगों ने जीवन का उद्देश्य और अर्थ फिर से खोजना शुरू कर दिया।

जीवन, इसी समाज में रहने और कई कठिन परिस्थितियों में भविष्य को आकार देने का प्रयास करने में ही सामाजिक संदर्भ में समझ में आता है, अतः समाजशास्त्र को थोड़ा सा जानना उचित है।

आइए इस व्यक्ति से शुरू करते हैं जो अनिवार्य रूप से आधुनिक समाजशास्त्र के पिता हैं। उसका नाम एमिल दुर्खीम है। एमिल दुर्खीम, 1800 के दशक के अंत में, जैसा कि अन्य शोधकर्ता देख रहे थे, देख रहे थे कि यूरोप में, विशेष रूप से फ्रांस में जहां वह इसका अध्ययन कर रहा था, वे बढ़ती दर से आत्महत्या करने लगे थे। तो उसने पीछे मुड़कर देखना शुरू किया, "क्या हो रहा है? हम बहुत अधिक दर पर आत्महत्या क्यों कर रहे हैं?" इसलिए उन्होंने आत्महत्या का यह बहुत गहन अध्ययन किया और "सुसाइड" [1] नामक एक पुस्तक लिखी। दुर्खीम ने तर्क दिया कि आत्महत्या न केवल मनोवैज्ञानिक या भावनात्मक कारकों का परिणाम हो सकता है बल्कि सामाजिक कारकों का भी परिणाम हो सकता है। दुर्खीम ने तर्क दिया कि सामाजिक एकीकरण, विशेष रूप से, एक कारक है।

एक व्यक्ति जितना अधिक सामाजिक रूप से एकीकृत होता है - वह उतना ही समाज से जुड़ा होता है, जिसमें सामान्य अपनेपन की भावना होती है और यह भावना होती है कि जीवन सामाजिक संदर्भ में समझ में आता है - उसके आत्महत्या करने की संभावना उतनी ही कम होती है। जैसे-जैसे सामाजिक एकीकरण कम होता है, लोगों के आत्महत्या करने की संभावना अधिक होती है।

दुर्खीम की आत्महत्या की टाइपोलॉजी

दुर्खीम ने सामाजिक कारकों के विभिन्न प्रभावों की व्याख्या करने के लिए आत्महत्या की एक सैद्धांतिक टाइपोलॉजी विकसित की और वे आत्महत्या कैसे कर सकते हैं:

एनोमिक आत्महत्या/Anomic suicide

एक ऐसे व्यक्ति की चरम प्रतिक्रिया है जो विसंगति का अनुभव करता है, समाज से वियोग की भावना और कमजोर सामाजिक एकता के परिणामस्वरूप अपनेपन की भावना का अनुभव नहीं करता है। एनोमी गंभीर सामाजिक, आर्थिक या राजनीतिक उथल-पुथल की अवधि के दौरान होता है, जिसके परिणामस्वरूप समाज और रोजमर्रा की जिंदगी में त्वरित और अत्यधिक परिवर्तन होते हैं। ऐसी परिस्थितियों में, एक व्यक्ति इतना भ्रमित और डिस्कनेक्ट महसूस कर सकता है कि वह आत्महत्या करने का विकल्प चुनता है।

परोपकारी आत्महत्या/Altruistic suicide

अक्सर सामाजिक ताकतों द्वारा व्यक्तियों के अत्यधिक विनियमन का परिणाम होती है, जैसे कि किसी व्यक्ति को किसी कारण के लाभ के लिए या बड़े पैमाने पर समाज के लिए खुद को मारने के लिए प्रेरित किया जा सकता है। एक उदाहरण वह व्यक्ति है जो धार्मिक या राजनीतिक कारणों के लिए आत्महत्या करता है, जैसे द्वितीय विश्व युद्ध के कुख्यात जापानी कामिकेज़ पायलट, या अपहरणकर्ता जिन्होंने विश्व व्यापार केंद्र, पेंटागन और पेंसिल्वेनिया में एक क्षेत्र में 2001 में हवाई जहाज को दुर्घटनाग्रस्त कर दिया। ऐसी सामाजिक परिस्थितियों में, लोग सामाजिक अपेक्षाओं और समाज में इतनी मजबूती से एकीकृत हो जाते हैं कि सामूहिक लक्ष्यों को प्राप्त करने के प्रयास में वे खुद को

मार डालेंगे।

अहंकारी आत्महत्या/Egoistic suicide

उन लोगों द्वारा की जाने वाली एक गहन प्रतिक्रिया है जो समाज से पूरी तरह से अलग महसूस करते हैं। आमतौर पर, लोगों को कार्य भूमिकाओं, परिवार और समुदाय के साथ संबंधों और अन्य सामाजिक बंधनों द्वारा समाज में एकीकृत किया जाता है। जब ये बंधन सेवानिवृत्ति या परिवार और दोस्तों के नुकसान के कारण कमजोर हो जाते हैं; अहंकारी आत्महत्या की संभावना बढ़ जाती है। बुजुर्ग लोग, जो इन नुकसानों को सबसे ज्यादा झेलते हैं, अहंकारी आत्महत्या के लिए अतिसंवेदनशील होते हैं।

घातक आत्महत्या/Fatalistic suicide

अत्यधिक सामाजिक विनियमन की स्थितियों के तहत होती है जिसके परिणामस्वरूप दमनकारी स्थितियां होती हैं और स्वयं और एजेंसी का इनकार होता है। ऐसी स्थिति में एक व्यक्ति दमनकारी परिस्थितियों को जारी रखने के बजाय मरने का चुनाव कर सकता है, जैसे कि कैदियों के बीच आत्महत्या का मामला।

यहाँ उन्होंने उस पुस्तक के अंत में क्या कहा। उन्होंने कहा, "उन्हें एक सामूहिक अस्तित्व के साथ एकजुटता में खुद को और अधिक महसूस करना चाहिए जो उन्हें समय से पहले रखता है, जो उन्हें जीवित रखता है, और जो उन्हें हर बिंदु पर शामिल करता है।" यहाँ वह कह रहा है, कि मूल रूप से अतीत में फ्रांस में, लोग छोटे गाँवों में रह रहे थे, और उन छोटे गाँवों में, हर किसी का एक निश्चित उद्देश्य था। फिर अचानक अब वे बड़े शहरों में जा रहे हैं, कारखानों में काम कर रहे हैं, और वे उस उद्देश्य की भावना को इतना महसूस नहीं कर रहे हैं। जब वे अपने छोटे गांवों में होते हैं तो उनमें एकजुटता की भावना नहीं होती है। सामूहिक अस्तित्व बस नहीं था। तो उसने कहा, "यदि ऐसा होता है, तो वह अपने आचरण का एकमात्र उद्देश्य अपने आप में नहीं पायेगा और यह समझेगा कि वह स्वयं से बड़े उद्देश्य का एक साधन है। लेकिन कौन से समूह सबसे अच्छे हैं?" अब वह पूछना शुरू कर रहा है, अब हम इस सामूहिक अस्तित्व का निर्माण कैसे कर सकते हैं जिसका किसी प्रकार

का उद्देश्य है? वह राजनीतिक समाज का विश्लेषण करता है और कहता है, "नहीं, मुझे नहीं लगता कि राजनीतिक समाज ज्यादातर फ्रांसीसी लोगों के लिए ऐसा करने जा रहा है, और शायद अब धार्मिक समाज नहीं है क्योंकि फ्रांस में, कम से कम 1800 के दशक के अंत में, हम हारने लगे हैं हमारा धर्म। परिवार भी नहीं क्योंकि हम अपने परिवारों को छोड़ रहे हैं, हम इन बड़े कारखानों में काम करने के लिए फ्रांस के आसपास के प्रमुख शहरों में काम करना शुरू करने के लिए अपने गांवों को छोड़ रहे हैं। इसलिए हमारे परिवार हमारे सामूहिक अस्तित्व का हिस्सा नहीं हैं। अब और।" फिर वे कहते हैं, "विश्वास, परिवार और राजनीति के समाज के अलावा, एक और भी है जिसका अभी तक कोई उल्लेख नहीं किया गया है, व्यावसायिक समूह या निगम।" एमिल दुर्खीम के लिए यह कौन सी अजीब बात है, क्योंकि वह एक समाजवादी थे, और आपने उनसे निगमों के बारे में बात करने की उम्मीद नहीं की होगी? वह सिर्फ यूनियनों और निगमों के बारे में बात नहीं कर रहा था, वह निगम के बारे में बात कर रहा था कि यह सामूहिक अस्तित्व है जिससे आप उद्देश्य और अर्थ खोजना शुरू कर सकते हैं। तो चलिए इसे थोड़ा अनपैक करते हैं। तो 1960 के दशक की शुरुआत में NASA के एक संरक्षक के बारे में एक कहानी है। उस समय के राष्ट्रपति जॉन एफ कैनेडी नासा की समीक्षा कर रहे थे। राष्ट्रपति अपने दल के साथ संरक्षक के पास जाते हैं और कहते हैं, "नमस्ते, मैं जॉन एफ कैनेडी हूं। आप क्या कर रहे हैं?" संरक्षक कहता है, "ठीक है, अध्यक्ष महोदय, मैं एक आदमी को चाँद पर पहुँचाने में मदद कर रहा हूँ।" मुझे यह कहानी बहुत पसंद है क्योंकि यह जॉब क्राफ्टिंग की कहानी है। एक कार्यस्थल में, अधिक से अधिक लोगों को अपने काम से अर्थ चाहिए ।

यह ध्यान दिया जा सकता है कि एमिल दुर्खीम ने 1800 के दशक में फ्रांस के बारे में जो कहा वह भारत के लिए भी वर्तमान समय में भी उतना ही प्रासंगिक है। आज की तारीख में, ग्रामीणों के बीच अभी भी अपने परिवारों को छोड़कर महानगर और अन्य छोटे शहरों में रहने के लिए आस-पास के जिलों से दूर शहरों में अपनी आजीविका कमाने के लिए एक दौड़ है। उनमें से अधिकांश कारखानों में बहुत ही अप्रिय माहौल

में काम कर रहे हैं और अकेले या ज्यादातर समय समूह में बहुत खराब स्वास्थ्यकर परिस्थितियों में रह रहे हैं जिससे स्वास्थ्य खराब हो रहा है। ऐसी परिस्थितियों में रहते हुए, वे उस उद्देश्य की भावना को इतना महसूस नहीं कर रहे हैं। जब वे अपने छोटे गाँवों में थे, तब वे उनमें एकजुटता की भावना महसूस कर रहे थे।

सेवानिवृत्ति और बुढ़ापा/Retirement and Aging

आइए सैन्य सेवा विशेष रूप से सैन्य दिग्गजों/ Military veterans के बारे में कुछ और बात करें। सैन्य दिग्गजों में अक्सर अभिघातज/Traumatic के बाद का विकास होता है, न कि केवल अभिघातजन्य तनाव के बाद, और यह कि अभिघातज के बाद के विकास का सबसे बड़ा भविष्यवक्ता आपके जीवन में एक मजबूत उद्देश्य रखता है। यह बहुत महत्वपूर्ण भविष्यवक्ता है। तो आइए वास्तविक दुनिया में हस्तक्षेपों के बारे में बात करते हैं जो सैन्य दिग्गजों की मदद कर सकते हैं, क्योंकि वे अपने जीवन में अक्सर बहुत कठिन तनाव रो गुजरते हैं। हम वास्तव में उनके उद्देश्य को बढ़ाने और अभिघातज के बाद उनके विकास को बढ़ाने में उनकी मदद कैसे कर सकते हैं? एक हालिया अध्ययन है जो वास्तव में आश्चर्यजनक है और यह एक यादृच्छिक परीक्षण है। इस मामले में, वह दिग्गजों को ले गया और उनमें से आधे को एक प्रेमपूर्ण दया ध्यान के लिए यादृच्छिक बना दिया। इस प्रेममयी दया ध्यान प्रयास में, वे उन लोगों के आसपास करुणामय विचारों, करुणा में लगे हुए हैं जिन्हें वे वास्तव में नापसंद लोगों के माध्यम से प्यार करते हैं, और उन लोगों के सुख और दुख से मुक्ति की कामना करते हैं। नियंत्रण की स्थिति की तुलना में उन्होंने उस समूह में जो पाया वह यह है कि ये दिग्गज जीवन में अपने उद्देश्य में सुधार करते हैं और वे अपने अभिघातजन्य तनाव में भी सुधार करते हैं। वास्तव में, वे तीन महीने बाद अधिक अभिघातजन्य विकास के साथ समाप्त हुए।

अब मैं सेवानिवृत्ति और उम्र बढ़ने के बारे में बात करना चाहता हूं जब आप सेवानिवृत्त होते हैं, तो आपको अपने जीवन को फिर से बनाने की आवश्यकता हो सकती है। मेरा मतलब है, अचानक आप सोच सकते हैं,

"मैं सेवानिवृत्त होने जा रहा हूं और अब हर समय मुझे अपनी पसंद का काम करना है।" यह सराहना की जा सकती है कि सैन्य सेवा से नागरिक जीवन में यह संक्रमण/ transition सैन्य सेवा में सभी अनुभव, ज्ञान और पूर्णता से लैस होने के बावजूद इतना आसान और आरामदायक नहीं होने वाला है।

सीखने के दृष्टिकोण से, संक्रमण/ transition करने वाले सैनिक सैन्य सेवा छोड़ने के बाद अपने भविष्य की भलाई से संबंधित सीखने की जरूरतों के बारे में सबसे अधिक चिंतित होते हैं; यद्यपि सभी सैन्य कर्मियों के लिए नागरिक जीवन में उनके बेहतर निपटान के लिए सेवानिवृत्ति से पहले पूर्व-रिलीज़ पाठ्यक्रम/प्रशिक्षण का प्रावधान है। सैन्य कर्मी बहुत कम उम्र में जैसे कि 35-40 वर्ष की आयु में, रक्षा बलों को अपने जीवन का प्रमुख जीवन देने के बाद सेवानिवृत्त हो जाते हैं । जैसा कि पहले कहा गया है, सैनिकों को वापस नागरिक जीवन में स्थानांतरित करने के लिए बहुत कम संसाधन आवंटित किए जाते हैं। सेवानिवृत्ति पर सैनिकों को अपने जीवन भर सीखने से संबंधित पहचान विकास, नैतिक विकास और व्यक्तिगत प्रक्षेपवक्र का सामना करना पड़ता है। महत्वपूर्ण रूप से, ये सीखने की चुनौतियां नागरिक चुनौतियों के समान हैं, फिर भी सैन्य सेवा कर्मियों को बदलने के लिए सीखने की अवस्था विशेष रूप से तेज होती है, जिन्होंने सेना में सेवा करते समय अपनी पहचान, नैतिक विकास या व्यक्तिगत प्रक्षेपवक्र पर कभी प्रतिबिंबित नहीं किया हो। इस प्रकार, सैनिकों को बदलने के लिए, सीखने के महत्वपूर्ण कदमों में नई पहचान विकसित करना, नैतिकता को परिभाषित करना और करियर पथ की रूपरेखा शामिल है।

सेवानिवृत्ति के बाद यदि आप और कुछ नहीं कर रहे हैं तो आपके जीवन में समस्याएं आने लगेंगी। तो यह वास्तव में महत्वपूर्ण है कि आप अपने जीवन को किसी प्रकार के आत्म-पारस्परिक उद्देश्य के साथ पुन: उद्देश्य के लिए खोजें। सिमोन डी बेवॉयर एक अस्तित्ववादी दार्शनिक थे और उन्होंने यह आश्चर्यजनक बात कही। उसने अपने जीवन में बाद में उद्देश्यपूर्ण उम्र बढ़ने के बारे में यह पुस्तक लिखी। उसने यह कहा, "यदि बुढ़ापा हमारे पूर्व जीवन की एक बेतुकी पैरोडी नहीं

है, तो केवल एक ही उपाय है, और वह है उन लक्ष्यों का पीछा करना जो हमारे अस्तित्व को एक अर्थ देते हैं।" यह जरूरी है कि हम ऐसा करें। यहाँ क्या होता है जब लोग रिटायर होने लगते हैं। समय के साथ, जीवन में उनके उद्देश्य कम होने लगते हैं। लोग थकने लगते हैं। उनके पास कम ऊर्जा है, या शायद उन्होंने इस बारे में नहीं सोचा था कि वे अपने जीवन को फिर से कैसे शुरू कर सकते हैं। हो सकता है कि उन्हें कुछ उम्मीदें थीं कि वे कुछ चीजें करना शुरू कर देंगे, लेकिन फिर समय के साथ वे चीजें उनके लिए कम और महत्वपूर्ण होने लगती हैं। तो उनका उद्देश्य कम हो जाता है। यहाँ वास्तव में क्या होता है। यह केवल एक औसत है, लेकिन आप जानते हैं क्या? कोई भी औसत नहीं है। उम्र बढ़ने के साथ-साथ अलग-अलग वृद्ध लोगों के साथ वास्तव में क्या हो रहा है। आप देखते हैं कि यह उद्देश्य हर जगह जा रहा है। कुछ समय के लिए किसी व्यक्ति का उद्देश्य बहुत ऊँचा हो सकता है, फिर हो सकता है कि वह बीमार हो जाए या कुछ हो जाए और वह अपने उद्देश्य को कम कर दे। तो यह हर जगह उछल रहा है। तो हमारे पास जो प्रश्न हो सकते हैं, उनमें से एक यह है कि मैं अपने जीवन के बाद के अध्याय में जीवन में एक मजबूत आत्म-पारस्परिक उद्देश्य कैसे बना सकता हूं? मैं इसे समय के साथ एक सुसंगत उद्देश्य कैसे बनाऊं? यह बहुत महत्वपूर्ण है। यहाँ क्या होता है यदि आप अपने जीवन पर एक उद्देश्य को बनाए नहीं रख सकते हैं।

डॉ विक्टर स्ट्रेचर एक अध्ययन प्रस्तुत करते हैं जो शिकागो में रश अल्जाइमर सेंटर में किया गया था, जो इस सेवानिवृत्ति चरण में थे, जिनके जीवन में निम्न या उच्च उद्देश्य था। "यह पता चला है कि समय के साथ, जीवन में कम उद्देश्य वाले लोगों में जीवन में उच्च उद्देश्य वाले लोगों की तुलना में अल्जाइमर रोग विकसित होने की संभावना 2.4 गुना अधिक थी। यह समय पर स्वास्थ्य की स्थिति और संज्ञानात्मक घाटे के लिए सांख्यिकीय रूप से नियंत्रण के बाद है, यहां तक कि उन सभी के लिए सांख्यिकीय रूप से नियंत्रित किया गया था; वे इस प्रभाव से छुटकारा नहीं पा सके। जीवन में एक मजबूत उद्देश्य वाले लोग जीवन में कमजोर या कम उद्देश्य वाले लोगों की तुलना में

अल्जाइमर रोग से अधिक सुरक्षित थे। "

इसीलिए डॉ विक्टर स्ट्रेचर, जिम लोहर के साक्षात्कार में, यह जानना चाहते थे कि वह अपने जीवन के इस अध्याय में क्या कर रहे हैं, और सबसे पहले वह बिल्कुल भी सेवानिवृत्त नहीं हुये हैं। वह मरते दम तक काम करेंगे, मुझे पूरा यकीन है। वह तनाव के बारे में बहुत कुछ बोलते हैं और तनाव पर उनका वास्तव में एक अनूठा दृष्टिकोण है जो मुझे पसंद है। उनके पास किसी भी सेवानिवृत्त व्यक्ति का नंबर 1 उद्देश्य भी होता है। मुझे पूरा यकीन है कि हमारे शरीर उद्देश्य से प्रेरित प्रजातियां थीं। जब हम बिना किसी उद्देश्य के होते हैं, तो हम आत्म-विनाश के लिए काफी हद तक तैयार होते हैं। यह विकासवादी चक्र में बनाया गया है जहां यदि आप कुछ योगदान नहीं दे रहे हैं, तो आप उन संसाधनों का उपभोग कर रहे हैं जो वास्तव में किसी ऐसे व्यक्ति को समर्पित होना चाहिए जिसका उद्देश्य दुनिया को बेहतर बनाना है। तो क्या वास्तव में इसका एक प्राकृतिक चयन घटक हो सकता है? मुझे यकीन है कि यह है। मेरा मानना है कि बूढ़े आदमी के लिये तनाव के ट्रिगर की आवश्यक्ता है। जब आप बूढ़े आदमी के तनाव की पहुंच से बाहर निकलते हैं, तो इसका मतलब है कि अब आप वास्तव में एक उत्पादक, महत्वपूर्ण शक्ति नहीं हैं। आपको तनाव की तलाश करनी होगी। जब हम तनाव की तलाश नहीं करते हैं, जब हम बस खाली बैठे होते हैं, तो हम खा पी कर मस्त हो जाते हैं; आप बहुत जल्द सब कुछ खोने जा रहे हैं। आप अपनी क्षमता खोने जा रहे हैं। यदि आप उस मस्तिष्क का उपयोग नहीं करते हैं, तो आप उसे खो देंगे। आप चुनौती देना चाहते हैं? आपको बाहर जाना होगा और कुछ करना होगा, या आपका सिस्टम संभाल लेगा और आपको स्थायी रूप से साइड लाइन पर जाने के लिए मजबूर किया जाएगा। एक उद्देश्य क्या करता है? यह बिल्कुल सही है।

डॉ विक्टर स्ट्रेचर आगे मानते हैं कि, " हमें यह समझना होगा कि हमारे जीवन में इस चरण के लिए हमारा उद्देश्य, वास्तव में शक्तिशाली है। एक उद्देश्य होना चाहिए और यह हमेशा विकसित हो रहा है। तो एक सेवानिवृत्त व्यक्ति, उनका नंबर 1 उद्देश्य सेवानिवृत्त

होना और खाली घर पर बैठ जाना नहीं है, बल्कि बाहर जाकर यह सोचना है कि यह अगला अध्याय क्या है? मैं पूरी तरह से कैसे व्यस्त हो सकता हूं, फिर से तनाव की तलाश कर सकता हूं, कुछ ऐसा कर सकता हूं जो वास्तव में सभी रोशनी को चालू कर दे, मुझे ऐसा महसूस कराएं कि मैं वास्तव में फिर से कुछ लायक हूं और सुनिश्चित करें कि मेरा सिस्टम चल जाए, "मैं इस आदमी को या इस महिला को अभी चेकआउट करने के लिए अनुमति नहीं देने जा रहा हूं । वे स्पष्ट रूप से एक उपयोगी उद्देश्य की सेवा कर रहे हैं और चलो उन्हें यहां लंबे समय तक रखें। "? तो मेरे लिए, उद्देश्य वह चीज है जो सभी कोशिकाओं को प्रज्वलित करती है। हमारे पास 50 ट्रिलियन सेल हैं और वे सभी उद्देश्य से काम कर रहे हैं।"

अब मैं बुढ़ापा और उम्र बढ़ने के बारे में बात करना चाहता हूं । बुढ़ापा जीवन का एक ऐसा सत्य है, जिससे हर इंसान का वास्ता देर-सबेर पड़ता है। यह बात दूसरी है कि जवानी के जोश में इस ओर कोई ध्यान नहीं देता, न ही कोई इसकी परवाह करता है, लेकिन जीवन के किसी मोड़ पर जब इसके लक्षण उभरना प्रारंभ हो जाते हैं या कष्ट एवं पीड़ा से गुजर रहे बुढ़ापा का सामना होता है, तो अधिकांश लोग मायूस हो जाते हैं।

एस डी बेउवोइर ने अपनी पुस्तक "द कर्मिंग ऑफ एज" [2] में बासठ साल की उम्र में किताब लिखते हुए वास्तव में शक्तिहीनता और निराशा पर जोर दिया था, जो कि वृद्ध लोगों के लिए आंशिक रूप से शारीरिक कमजोरी के कारण, लेकिन बड़े पैमाने पर उनके सामाजिक अलगाव और हाशिए पर रहने के कारण होती है। ।

वृद्धावस्था की आयु में जीवन कैसे जीया जाये इस संबन्ध में यह उदाहरण आपकी सारी शंकाये दूर कर देगाः

यूनान के प्रसिद्ध दार्शनिक सुकरात भ्रमण करते हुये एक शहर पहुँचे। वहाँ उनकी एक वृद्ध व्यक्ति से भेंट हुई। दोनों काफी घुल-मिल गये। सुकरात ने उनके व्यक्तिगत जीवन में काफी रूचि ली। उन्होंने काफी खुलकर बात की।

सुकरात ने संतोष व्यक्त करते हुए कहा – आपका विगत जीवन तो बड़े शानदर ढंग से बीता है, पर इस वृद्धावस्था में आपको कौन- कौन से

पापड़ बेलने पड़ रहे हैं, यह तो बताइये।

वृद्ध किंचित मुस्कराया- "मैं अपने पारिवारिक उत्तरदायित्व अपने समर्थ पुत्रों को देकर निश्चिंत हूँ। वे जो कहते हैं कर देता हूँ, जो खिलाते हैं खा लेता हूँ और अपने पौत्र-पुत्रियों के साथ हँसता – खेलता रहता हूँ। बच्चे कुछ भूल करते हैं, तब भी चुप रहता हूँ। मैं उनके किसी कार्य में बाधक नहीं बनता, पर जब कभी वे परामर्श लेने आते हैं; मैं अपने जीवन के सारे अनुभवों को उनके सामने रख, की गई भूल से उत्पन्न दुष्परिणामों की ओर से सचेत कर देता हूँ। वे मेरी सलाह पर कितना चलते हैं; यह देखना और अपना मस्तिष्क खराब करना मेरा काम नहीं है ।वे मेरे निर्देशों पर चलें ही यह आग्रह नहीं। परामर्श देने के बाद भी यदि वे भूल करते हैं तो में चिंतित नहीं होता, उस पर यदि वे पुनः मेरे पास आते हैं तो मेरा दरवाजा सदैव उनके लिये खुला रहता है। मैं पुनः नेक सलाह देकर उन्हें विदा करता हूँ।" "वृद्ध की बात सुनकर सुकरात बहुत प्रसन्न हुये । उन्होंनें कहा- "इस आयु में जीवन कैसे जीया जाये यह आपने बखूबी समझ लिया है।"

वृद्धवस्था सुखमय एवं दीर्घायु हो इसके लिये शारीरिक स्वास्थय, आर्थिक आत्मनिर्भरता और मानसिक स्वास्थय का ख्याल रखना बहुत जरूरी है। इन चीजों का ख्याल रखते हुये विश्व के हर कोने में कितने ऐसे उदाहरण देखने को मिल सकते हैं जिन्होंने सुखमय बुढापा बिताते हुये ऐसे कार्य किये हैं कि वे चकित करने वाले हैं। इतिहास के पन्नों को पलट कर देखें तो पता चलेगा कि बड़ी आयु में भी महत्वपूर्ण कार्य किये हैं और अंतिम समय तक सक्रिय जीवन जीते रहे। प्रस्तुत हैं कुछ ऐसे ही उदाहरण, जो एक आशाभरे बुढापे की तस्वीर पेश करते हैं।

भगवान बुद्ध 82 वर्ष की आयु में निर्वाण को प्राप्त हुये थे तथा लंबी आयु तक धर्म का प्रचार करते हुये पदयात्रा करते रहे। द्रोणाचार्य 100 वर्ष के पार होते हुये भी रणसंग्राम में अग्रणी भूमिका निभाते हुये प्रत्यक्ष मार्गदर्शन प्रदान करते थे। गांधी जी 51 से 77 वर्ष तक स्वतंत्रता संग्राम में अग्रणी भूमिका निभाते रहे और इसके साथ ही वे उत्कृष्ट साहित्य की रचना भी करते रहे। इसी तरह विनोबा जी ने भी जीवन के उत्तरार्ध में लगभग 13 वर्ष तक लगातार भूदान हेतु देशभर के अधिकांश हिस्सों की

पदयात्राऐं की थीं। सन् 1901 को इंग्लैंड में जन्में सर फ्रांसिस चिचेस्टर ने सन्1966-67 के दौरान सरकंड़े की नाव में अकेले ही पूरे विश्व की परिक्रमा की थी ।

इसी तरह कितने सारे दार्शनिक, वैज्ञानिक, कवि, साहित्यकार, राजनीतिज्ञ आदि अंतिम समय तक अपने सृजन कार्य में सक्रिय रहे और मानवता के लिये अपनी अपूर्व सेवाएँ देते रहे। संत सुकरात, प्लेटो, पाइथागोरस, होमर, गैलीलियो, निकोलस कोपर्निकस, विलियम वड्र्सवर्थ, वैज्ञानिक थामस एडिसन से लेकर न्यूटन, सिसरो, आईन्सटीन जैसे महामानव इसके प्रेरक उदाहरण हैं। सुकरात 70 वर्ष की आयु में दर्शन की विशद व्याख्या में जुटे हुये थे। प्लेटो अंतिम समय तक कठोर परिश्रम करते रहे और 81 वर्ष की आयु में कलम पकड़े मृत्यु को प्राप्त हुये। टेनिसन 80 वर्ष की आयु में ही क्रासिंग दि बार की रचना कर रहे थे। रॉबर्ट ब्राउन 70 वर्ष में मृत्यु से कुछ पहले सर्वश्रेष्ठ कवितायें रच रहे थे।

इस तरह और अनेकों उदाहरण हैं जिन्होंने जीवन के उत्तरार्ध में भी सक्रिय जीवन जी कर मिसाल प्रस्तुत किया। ये सभी प्रेरक उदाहरण हमें एक ही संदेश देते हैं कि यदि हम जीवन का सही ढंग से नियोजन करना सीख जायें तो अपनी रचनात्मक शक्ति के साथ महत्वपूर्ण एवं उपयोगी कार्य कर सकते हैं और चुस्ती, स्फूर्ति एवं उमंग-उल्लास भरा जीवन जी सकते हैं।

परिवार और समुदाय/Family and Community

इसलिए हमने वास्तविक जीवन में उद्देश्य के बारे में, कॉलेज के बारे में, काम और कार्यस्थलों के बारे में, और सेना के बारे में, उम्र बढ़ने और सेवानिवृत्ति के बारे में बात की है। अब हम परिवार और समुदाय के बारे में बात करने जा रहे हैं। डॉ विक्टर स्ट्रेचर कहते हैं कि "मैं आपको केवल आगाह करने जा रहा हूं, इस क्षेत्र में बहुत कम शोध है। थोड़ा है, लेकिन इतना नहीं। कुछ नए उभरते हुए शोध हैं जो अभी परिवारों से शुरू हो रहे हैं, लेकिन हम उद्देश्य और परिवार के बारे में बहुत अधिक नहीं जानते हैं। लेकिन वास्तव में एक महत्वपूर्ण प्रश्न जिसका हमें उत्तर देने की आवश्यकता है, वह यह है कि एक परिवार एक ऐसा उद्देश्य कैसे बना

सकता है जो पीढ़ियों तक बना रहे? मेरे लिए यह इतना अच्छा सवाल है। सबसे पहले, परिवार एक इकाई है। परिवार का एक उद्देश्य हो सकता है। आप अपने खाने की मेज पर बात कर सकते हैं, परिवार के साथ बात कर सकते हैं कि एक परिवार के रूप में हमारा उद्देश्य क्या है। हमने एक परिवार के रूप में क्या प्रतिनिधित्व किया? लेकिन वास्तव में महत्वपूर्ण बात यह है कि क्या हम वर्तमान पीढ़ी से उस प्रश्न को अगली पीढ़ी से अपने बच्चों के साथ, और उनके अपने बच्चों के साथ पूछ सकते हैं। हमें इस तथ्य को भी पहचानना होगा कि परिवार के अलग-अलग सदस्य हैं जिनके बहुत अलग उद्देश्य हो सकते हैं, और जरूरी नहीं कि वे परिवार के उद्देश्य से जुड़े हों। उस व्यक्ति को यह कहने में कुछ लचीलापन देना, "मैं अपने परिवार के उद्देश्य से नहीं जुड़ा हो सकता", यह वास्तव में महत्वपूर्ण हो सकता है। साथ ही पारिवारिक उद्देश्य समय के साथ विशेष रूप से पीढ़ियों में बदल सकते हैं। तो बस इसके बारे में सोचना, परिवार को एक इकाई के रूप में सोचना, विश्लेषण की एक इकाई के रूप में, जैसे एक निगम का समग्र रूप से एक उद्देश्य हो सकता है जिससे लोग संरेखित/ aligned हो सकें, और गर्व महसूस कर सकें। निश्चित रूप से एक परिवार भी ऐसा कर सकता है। मैंने जिम लोहर से पूछा, जो भविष्य के नवोदित खेल सितारों के परिवारों के साथ काम करता है या उन लोगों के बीच जो खेल में इसे खत्म नहीं करने जा रहे हैं, लेकिन उनका परिवार उन्हें धक्का दे रहा है। मैंने उससे पूछा कि वह इन बच्चों के बीच उद्देश्य के बारे में कैसे सोचते हैं कि वह इतनी बारीकी से काम कर रहे हैं। मैं चाहता हूं कि आप इस प्रश्न पर चिंतन करें। आपका बेटा या बेटी किसी चीज का पीछा कर रहें है। वे गोल्फ, टेनिस, कुछ खेल, सॉकर, हॉकी, फील्ड हॉकी का पीछा कर रहे हैं, क्या आपको पसंद है कि वे पीछा करने के परिणामस्वरूप एक व्यक्ति के रूप में कौन बन रहे हैं। यही एकमात्र चीज है जो मायने रखती है। आपको कोच नहीं बनना है। आपको माता या पिता के अलावा कुछ भी नहीं बनना है क्योंकि इसे कभी भी बदला नहीं जा सकता है। आपका काम यह सुनिश्चित करना है कि वे अपने प्रदर्शन के कारण एक बेहतर जीवन की ताकतों को संभालने या उन्हें बाहर निकालने में बेहतर, अधिक चरित्र-चालित इंसान बन रहे हैं

|"

समुदायों के रूप में उद्देश्य के बारे में, डॉ विक्टर स्ट्रेचर पूछते हैं, क्या एक समुदाय का समग्र उद्देश्य हो सकता है? खैर, यह वास्तव में रोमांचक अवधारणा है। हालांकि पड़ोस और संरचनात्मक कारक अविश्वसनीय रूप से महत्वपूर्ण हैं, फिर भी एक मजबूत उद्देश्य के बारे में सोचना भी वास्तव में महत्वपूर्ण है। जब उन्होंने ऐसे लोगों की ओर देखा, जिनका एक मजबूत उद्देश्य था, तो यह पर्यावरण की अधिक महारत से जुड़ा था। इसका क्या मतलब है? ठीक है, इसका मतलब यह है कि अगर आपके पड़ोस के बीच में एक डंपर है, तो आप अपने समुदाय को यह पता लगाने में सक्षम हो सकते हैं कि उस डंपर के चारों ओर एक बाड़ कैसे लगाया जाए या उस डंपर से छुटकारा पाएं, इसे कहीं और स्थानांतरित करें। यह बढ़े हुए आशावाद से भी जुड़ा था। जीवन में उद्देश्य भी बढ़े हुए लचीले मुकाबला से जुड़ा था। उन्होंने यह भी पाया कि जीवन में उद्देश्य दैनिक भेदभाव की धारणा से नकारात्मक रूप से जुड़ा था। मजबूत उद्देश्य वाले लोगों ने उस भेदभाव को महसूस नहीं किया। उनमें अवसादग्रस्तता के लक्षण विकसित होने की संभावना भी कम थी। तो आप देखते हैं कि एक कठिन वातावरण के साथ उद्देश्य कैसे इंटरैक्ट करता है। हो सकता है कि लोगों को उस कठिन वातावरण में अधिक लचीला बना रहा हो, लेकिन यह भी बहुत महत्वपूर्ण है, लोगों को आत्मविश्वास और निपुणता को अपने पर्यावरण को सुधारने के लिए सक्षम करने की इजाजत देता है, जो और भी महत्वपूर्ण है।

रॉबर्ट एफ कैनेडी ने इस बारे में बात की। उन्होंने कहा, "भले ही हम भौतिक गरीबी को मिटाने के लिए कार्य करें, एक और बड़ा कार्य है। यह संतुष्टि, उद्देश्य और सम्मान की गरीबी का सामना करना है जो हम सभी को पीड़ित करता है। ऐसा लगता है कि हमने केवल भौतिक चीजों की संचय में व्यक्तिगत उत्कृष्टता और सामुदायिक मूल्यों को आत्मसमर्पण कर दिया है। इसमें हमारी कविता की सुंदरता या हमारे विवाह की ताकत, हमारी सार्वजनिक बहस की बुद्धि या हमारे सार्वजनिक अधिकारियों की अखंडता शामिल नहीं है। यह न तो हमारी बुद्धि को मापता है और न ही हमारे साहस, और न ही हमारी शिक्षा को

मापता है, न तो हमारी करुणा और न ही हमारे देश के प्रति समर्पण। यह सब कुछ संक्षेप में मापता है सिवाय इसके कि जो जीवन को सार्थक बनाता है।"

अंत में, एक उद्देश्य है। आपको इस धरती पर क्या करने के लिए रखा गया है? इसे दिखाओ, इसमें सांस लो, इसे जियो! इस लेखन, उद्देश्य और जीवन के अर्थ का हिस्सा बनने के लिए बहुत-बहुत धन्यवाद।

सफलता के नियम क्या हैं? What are the laws of success?

7

सफलता के नियम क्या हैं?

पिछले अध्यायों में हमने जीवन के उद्देश्य और अर्थ के बारे में जाना। सफलता प्राप्त करने और असफलताओं से बचने के लिए, जीवन के उद्देश्य और अर्थ को पहचानने के बाद बुनियादी नियमों का अध्ययन और अभ्यास करना चाहिए।

इस लक्ष्य को प्राप्त करने के लिए, हमें दिशानिर्देशों के एक समूह का पालन करना चाहिए, जिनमें से अधिकांश जीवन के अर्थ और उद्देश्य पर चर्चा करते समय पहले बताए गए थे। इसलिए, इससे पहले कि हम उन नियमों को देखें जो हमें सफलता की ओर ले जा सकते हैं, आइए पहले हम परिभाषित करें कि सफलता क्या है।

अपेक्षाओं की एक निश्चित सीमा को पूरा करने की अवस्था या परिस्थिति को सफलता के रूप में जाना जाता है। इसे विफलता के ध्रुवीय विपरीत के रूप में माना जा सकता है। सफलता मानदंड संदर्भ-निर्भर हैं और एक विशिष्ट पर्यवेक्षक या विश्वास प्रणाली के सापेक्ष हो सकते हैं। प्रत्यक्ष प्रतिद्वंद्विता की परिस्थितियों में, जिसे एक व्यक्ति सफल मानता है, उसे दूसरे व्यक्ति द्वारा असफल माना जा सकता है। इसी तरह, अलग-अलग पर्यवेक्षकों या प्रतिभागियों के पास किसी स्थिति में

सफलता या विफलता की डिग्री पर अलग-अलग दृष्टिकोण हो सकते हैं, इस प्रकार एक व्यक्ति जो सफलता मानता है, दूसरा विफलता, योग्य सफलता या तटस्थ स्थिति पर विचार कर सकता है। भ्रमित करने वाले मानदंडों के कारण, यह निर्धारित करना मुश्किल या असंभव भी हो सकता है कि कोई स्थिति सफलता या विफलता के मानदंडों पर फिट बैठती है या नहीं। उन मानदंडों की अस्पष्ट या गलत परिभाषित परिभाषा के कारण यह पता लगाना मुश्किल या असंभव हो सकता है कि कोई स्थिति सफलता या विफलता के मानदंडों को पूरा करती है या नहीं।

जीवन के कई क्षेत्रों में, जैसे जीव विज्ञान, शिक्षा, व्यवसाय और नेतृत्व, विज्ञान का दर्शन और संभाव्यता, और इसी तरह, सफलता को विभिन्न तरीकों से व्यक्त किया जा सकता है।

सफलता के अन्य पहलुओं में अच्छा शारीरिक स्वास्थ्य, रिश्तों को पूरा करना, सार्थक दोस्ती, आत्म-अभिव्यक्ति में आनंद, भय से मुक्ति, दूसरों को समझने की क्षमता और आत्म-निपुणता शामिल हैं।

कई और दृष्टिकोण हैं, जैसे आध्यात्मिक, धार्मिक, सामाजिक, आर्थिक, राजनीतिक और दार्शनिक, फिर भी सब कुछ अस्तित्व के बुनियादी सिद्धांतों द्वारा नियंत्रित होता है।

इस छोटी सी जगह में उपर्युक्त प्रकारों सहित, सब कुछ फिट करना मुश्किल और अव्यवहारिक है। यह सबसे अच्छा होगा कि उन मूलभूत कानूनों पर ध्यान दिया जाए जो सब कुछ नियंत्रित करते हैं।

सार्वभौमिक जीवन नियम हैं जिनका पालन किया जाना चाहिए। वे हमें ब्रह्मांड के साथ शांतिपूर्ण संबंध बनाए रखने में मदद करते हैं और हमारी इच्छाओं को और अधिक तेज़ी से पूरा करते हैं। ये सार्वभौमिक जीवन सिद्धांत आपको समृद्धि, आंतरिक शांति और आत्म-जागरूकता की ओर ले जा सकते हैं, साथ ही आपकी स्वयं की भावना को विकसित करने में भी आपकी सहायता कर सकते हैं।

विभिन्न वर्ग के लोग, जैसे कि अमीर, गरीब, दलित और मध्यम वर्ग, सफलता की विभिन्न तरीकों से व्याख्या कर सकते हैं।

अमीर लोग जैसे बहु-करोड़पति पूंजीपति, प्रमुख निगमों और बैंकों के मुख्य कार्यकारी अधिकारी, सरकार के मंत्री, लेखक, कलाकार,

व्याख्याता, कॉलेज और विश्वविद्यालय के प्रमुख, और अन्य जिन्होंने बड़ी मात्रा में धन, आभूषण, अन्य मूल्यवान धातु और संपत्ति जमा की है, वे बड़ी राशि के निपटान होने के मामले में ही अपनी सफलता को देख सकते हैं लेकिन वे अभी भी असंतुष्ट हैं और अधिक के लिए तरस रहे हैं। धन और भौतिक वस्तुओं का संचय, साथ ही साथ समाज में स्वीकृत पद का होना, एक ऐसा कारक है जिसने उनमें से लगभग सभी को प्रतिष्ठित किया।

इन "सफल" लोगों ने जीवन का सही अर्थ क्या सोचा था? उनके जीवन का उद्देश्य, उनकी सफलता का विचार, धन लाभ, सामाजिक मान्यता और पांचों इंद्रियों के क्षणभंगुर सुख थे। हालाँकि, उनके पास जितना अधिक था, उतना ही वे चाहते थे, और जितना उनके पास था उससे कम सामग्री थी। जब वे इसे प्राप्त कर चुके थे तो यह कभी पर्याप्त नहीं था।

क्या होगा अगर अमीर जीवन में अपनी स्थिति से संतुष्ट नहीं हैं? गरीब और मध्यम वर्ग का क्या होगा? क्या पैसा ही सब बुराई की जड़ नहीं है? क्या सफल होने के लिए गरीबी की शपथ लेना जरूरी है? क्या हमें इस क्लिच को स्वीकार करना होगा कि "अज्ञान आनंद है" अगर पढ़े-लिखे लोगों को खुशी नहीं मिली है? हम देखते हैं कि आज के परिवेश में हर समय, गरीब और दलितों के साथ-साथ उच्च और निम्न मध्यम वर्ग के जाने-पहचाने चेहरे अपने दैनिक जीवन में कैसे जी रहे हैं? गरीबी की चरम सीमा पर, वे सबसे खुश और संतुष्ट प्रतीत होते हैं।

शहरी क्षेत्रों के अपवाद के साथ, ग्रामीण क्षेत्रों में कई व्यक्तियों ने अपने बचपन के दौरान कभी स्कूल नहीं देखा है क्योंकि गांव में कुछ ही जगह प्राथमिक या माध्यमिक विद्यालय थे, और परिणामस्वरूप, शिक्षा उन तक नहीं पहुंच पाई थी, भले ही अब उनके बच्चों द्वारा इसकी शुरुआत हो रही थी । ये लोग अनपढ़ थे, पढ़ने-लिखने में असमर्थ थे। उनका जीवन बिना किसी बड़ी उपलब्धि के समाप्त हो गया जिसने उन्हें तृप्ति और आनंद की भावना प्रदान की। हालाँकि, उनके बेहतर शिक्षित बच्चे, दुनिया भर के अन्य सभ्य लोगों की तरह, अभी तक सही मायने में सफलता की सीढ़ी पर चढ़ना शुरू नहीं कर पाए हैं। उन्होंने

असन्तोष, चिंता, शून्यता और कुंठा की ओर ले जाने वाले झूठे मूल्यों के तहखानों से नीचे उतरकर अपना अवतरण शुरू कर दिया है। वे उपलब्धि के शिखर तक पहुंचने की ख्वाहिश रखते हैं। वे शांति, संतोष और आनंद की कामना करते हैं। हालाँकि, वे गलत दिशा में, गलत लक्ष्यों की ओर प्रयास कर रहे हैं - भारी प्रयास के साथ नीचे की ओर, अपनी इच्छित उपलब्धि से दूर।

हमने धन और गरीबी की चरम सीमाओं के साथ-साथ ज्ञान और अज्ञानता, उद्योग और आलस्य को देखा है। आइए अब देखें कि क्या बीच की कक्षाओं यानी मध्यम वर्ग ने सफलता का नुस्खा खोज लिया है। हाँ, निम्न और मध्यम वर्ग के इन लोगों के पास समाज में गरीब और उत्पीड़ितों से अधिक था, जिन्हें "मजदूर वर्ग" कहा जाता है। हालांकि, यह उन लोगों के लिए भी पर्याप्त नहीं है, जो समाज के मानकों में कहीं अधिक "सफल" हैं। अपने पड़ोसियों के घरों में पाए जाने वाले सामान, जैसे वाहन, घर, संपत्ति, टीवी, रेफ्रिजरेटर और वाशिंग मशीन, जैसी अन्य सामग्री प्राप्त करने के लिए व्यक्तियों के बीच कई प्रतियोगिताएं होती हैं। यद्यपि ये वस्तुएं आधुनिक जीवन की आवश्यकता बन गई हैं, फिर भी प्रतिद्वंद्विता बनी रहती है। उनके पास जितना अधिक है, वे उतना ही अधिक चाहते हैं। और एक बार जब वे इसे प्राप्त कर लेते हैं, तो यह उनके द्वारा उपयोग किए जाने तक बस कुछ ही समय की बात है, यह केवल उनके असंतोष को बढ़ाता है क्योंकि उनके कुछ पड़ोसियों के पास अभी भी अधिक है।

लेकिन, दूसरी ओर, क्योंकि इन मध्यम वर्ग, तथाकथित मजदूर वर्ग के लोगों को संपत्ति विरासत में नहीं मिली थी, उन्होंने इस संबंध में अतिरिक्त प्रयास और संकल्प करके जो कुछ भी था उसका अधिकतम लाभ उठाया, और आज, बहुसंख्यक दुनिया के सबसे अमीर लोगों में से, सामान्य तौर पर, और विशेष रूप से भारत में, कामकाजी और मध्यम वर्ग की पृष्ठभूमि से आते हैं।

जैसा कि पहले चर्चा की गई थी, प्रत्येक व्यक्ति को इस धरती पर एक उद्देश्य के लिए रखा गया था! प्रत्येक व्यक्ति को यहां सफल होने के लिए रखा गया था। प्रत्येक मनुष्य को सफलता के मीठे स्वाद का

आनंद लेना चाहिए - शांति और खुशी पाने के लिए - एक दिलचस्प, सुरक्षित और प्रचुर जीवन जीने के लिए! और ताकि सभी चाहें - यदि चाहें - ऐसे पूर्ण और प्रचुर पुरस्कार प्राप्त करें, निर्माता ने वांछित परिणाम उत्पन्न करने के लिए वास्तविक, निश्चित कानूनों को गति दी।

इसी संदर्भ में, हर्बर्ट डब्ल्यू आर्मस्ट्रांग, एक अमेरिकी लेखक अपनी पुस्तक द सेवन लॉज ऑफ सक्सेस, 1961 में एम्बेसडर कॉलेज प्रेस, कैलिफोर्निया द्वारा प्रकाशित (डॉ. सोहन लाल सेठ, डी.फिल द्वारा मेरे पिता को उपहार में दी गई एक पुस्तक और बाद में पिताजी द्वारा मुझे दी गई जिसे मैं अभी भी संरक्षित करता हूं) में कहता है कि "त्रासदी यह है कि सदियों और सहस्राब्दी के दौरान मनुष्य ने उन कानूनों से मुंह मोड़ लिया है - वे सफलता के कारण जो वह चाहता है! दुनिया बहुत पहले उन्हें नज़रअंदाज़ कर भूल गई थी। आज, ज्यादातर लोग नहीं जानते कि वे क्या हैं। अधिकांश लोगों ने सात बुनियादी कानूनों में से एक का भी पालन नहीं किया है।"

पहला नियमः सही लक्ष्य निर्धारित करना/SETTING THE RIGHT GOAL

सही लक्ष्य निर्धारित करने का उद्देश्य आपकी दृष्टि की ओर बढ़ने में आपका समर्थन करना है। एक स्पष्ट दृष्टि के बिना, हो सकता है कि आपके लक्ष्य आपको उस स्थान पर न ले जाएँ जहाँ आप जाना चाहते हैं।

एक दृष्टि और एक लक्ष्य के बीच एक बड़ा अंतर है। दृष्टि आपकी मंजिल है। लक्ष्य वे मील के पत्थर हैं जो आपकी यात्रा को चिह्नित करते हैं। वे रास्ते में आपके द्वारा उठाए जाने वाले कदमों को निर्धारित और परिभाषित करते हैं।

जहां आपकी दृष्टि व्यापक और बड़ी है, लक्ष्य मूर्त और विशिष्ट हैं। वे "कब?' और "कैसे?" और कितना?" जैसे सवालों के जवाब देते हैं। स्मार्ट लक्ष्य विशिष्ट, मापने योग्य, प्राप्य, प्रासंगिक और समयबद्ध हैं।

निश्चित रूप से जीवन में कुछ भी जानने से ज्यादा महत्वपूर्ण नहीं है: वास्तविक सफलता क्या है - और इसे कैसे प्राप्त करें?

तो सफलता का पहला नियम क्या है?

प्रथम नियम का भी उल्लेख करने से पहले यह कह देना चाहिए कि मैं यहाँ चरित्र के ऐसे सामान्य सिद्धांतों पर विचार नहीं कर रहा हूँ जैसे ईमानदारी, धैर्य, निष्ठा, शिष्टता, निर्भरता, समय की पाबंदी, आदि, सिवाय इसके कि ये नियम स्वतः ही सात नियमों में शामिल हो गए हैं। हम यह मान सकते हैं कि सही चरित्र के इन सिद्धांतों के बिना कोई वास्तविक सफल नहीं बन सकता। लेकिन दूसरी ओर, कई ईमानदार हैं जिन्होंने विशेष रूप से सात कानूनों में से एक का भी अभ्यास नहीं किया है। कई वफादार हो सकते हैं, धैर्य रख सकते हैं, शिष्टाचार बढ़ा सकते हैं, समय के पाबंद हो सकते हैं, जो असफल हो सकते हैं क्योंकि उन्होंने इन सात निश्चित, विशिष्ट नियमों में से एक को भी लागू नहीं किया है। फिर भी, इनमें से प्रत्येक कानून एक विशाल क्षेत्र को कवर करता है।

यहाँ, सफलता का पहला नियम है:

सही लक्ष्य तय करें!

सिर्फ कोई लक्ष्य नहीं। अधिकांश "सफल" पुरुषों के लक्ष्य थे। उन्होंने सफलता के सात नियमों की उपलब्धि के लिए खुद को अथक रूप से चलाया। लेकिन पैसा कमाना, लोगों की नज़रों में हैसियत हासिल करना, पाँचों इन्द्रियों के गुज़रते भोगों का आनंद लेना, सचमुच इतिहास के रास्ते को भय, चिंता, दिल के दर्द, परेशान अंतःकरण, दुखों, निराशाओं, खाली जीवन और मृत्यु के साथ बिखेर दिया है।

सच्ची सफलता के साथ इन चीजों का आनंद लिया जा सकता है। लेकिन वे अकेले सफलता नहीं लाते हैं। सही लक्ष्य में कुछ और भी शामिल है।

दूसरे शब्दों में, सफलता का पहला नियम सफलता को परिभाषित करने में सक्षम होना है! एक बार जब आपने जान लिया कि सफलता है, तो इसे जीवन में अपना लक्ष्य बनाएं।

क्या आप जानते हैं कि अधिकांश लोग बिना किसी GOAL के ही जीवन व्यतीत करते हैं? वास्तव में, अधिकांश लोग सफलता के सात नियमों में से एक को भी नहीं जानते और न ही लागू करते हैं! अधिकांश लोग जीवन में कोई उद्देश्य रखने के बारे में कभी नहीं सोचते हैं।

अधिकांश लोगों का कोई लक्ष्य नहीं होता - वे केवल परिस्थितियों के शिकार होते हैं। उन्होंने उद्देश्यपूर्ण ढंग से, उस नौकरी या व्यवसाय में रहने के लिए कभी योजना नहीं बनाई, जिसमें वे आज खुद को पाते हैं। वे वहां नहीं रहते हैं जहां वे अपनी पसंद से काम करते हैं, क्योंकि उन्होंने इसकी योजना इस तरह से बनाई थी। वे केवल परिस्थितियों से घिरे हुए हैं! उन्होंने खुद को बहाव की अनुमति दी है। उन्होंने परिस्थितियों को नियंत्रित करने और नियंत्रित करने का कोई प्रयास नहीं किया है।

लक्ष्य निर्धारित करना ही सफलता का प्रथम नियम है। कोई लक्ष्य नहीं। कोई ऐसा लक्ष्य निर्धारित कर सकता है जिसमें उसकी बहुत कम या कोई दिलचस्पी न हो, और निष्क्रियता में बह जाए। सही लक्ष्य महत्वाकांक्षा जगाएगा। महत्वाकांक्षा केवल इच्छा से अधिक है। यह इच्छा प्लस प्रोत्साहन - दृढ़ संकल्प - इच्छा को प्राप्त करने की इच्छा है। सही लक्ष्य की इतनी तीव्र इच्छा होगी कि वह जोरदार और दृढ़ प्रयास को उत्साहित करे। यह प्रोत्साहन के साथ एक को आग लगा देगा। जीवन का एक प्रबल उद्देश्य होना चाहिए। ऐसे उद्देश्य को बहुत कम लोग जानते हैं। सदियों और सहस्राब्दियों से विचारकों और दार्शनिकों ने विचार किया है, और यह जानने के लिए व्यर्थ प्रयास किया है कि क्या जीवन का एक वास्तविक उद्देश्य है। सुकरात, प्लेटो, ऑगस्टाइन, दूसरों के बीच में, अनुमान लगाया और तर्क किया, फिर भी जीवन में महत्वपूर्ण प्रश्न उनके लिए एक रहस्य बना रहा - एक अनसुलझी पहेली! यदि कोई इस तरह के एक समग्र उद्देश्य की खोज कर सकता है - एक निश्चित उद्देश्य जिसके लिए मनुष्यों को पृथ्वी पर रखा गया था - यदि कोई व्यक्ति केवल अस्थायी अस्तित्व से अधिक मानवीय क्षमता की खोज कर सकता है, तो कोई यह सोचेगा कि उद्देश्य वह लक्ष्य होगा जो गतिशील महत्वाकांक्षा को उत्तेजित करे! लेकिन अफसोस! जीवन के लक्ष्य जैसे उद्देश्य की खोज किसने की है?

आखिर जीने के लिए क्या है?

महत्वपूर्ण दूसरा कानूनः शिक्षा या तैयारी/EDUCATION OR PREPARATION

और इसलिए, यदि आपको जीवन में सफलता प्राप्त करनी है, तो आपको पहले सही लक्ष्य निर्धारित करना होगा, और फिर उस लक्ष्य को प्राप्त करने की तैयारी करनी होगी। तो, सफलता का दूसरा नियम, समय क्रम में, शिक्षा, या तैयारी है। शिक्षा एक जीवन भर की प्रक्रिया है जिसका कोई वास्तविक प्रारंभ या अंत नहीं है। शिक्षा में अनुभव, पर्यावरण, समाजीकरण और संचार शामिल हैं। जॉन डेवी ने माना कि "सभी वास्तविक शिक्षा अनुभव के माध्यम से आती है।"

कोई अपने उद्देश्य को पूरा करने की उम्मीद कैसे कर सकता है जब तक कि वह ज्ञान प्राप्त नहीं कर लेता? एक बात जो हमें जीवन के बारे में जानने की जरूरत है - और कई नहीं - वह यह है कि मनुष्य वृत्ति से सुसज्जित नहीं होते हैं।

हमारी तुलना में, गूंगे जानवरों को इस हद तक एक निश्चित लाभ है। उन्हें सीखने की जरूरत नहीं है। उन्हें किताबी शिक्षा के साथ अपने दिमाग को थका देने की जरूरत नहीं है। नवजात बछड़े को चलना सिखाने की जरूरत नहीं है। यह अपने कुछ कमजोर और अनिश्चित पैरों पर तुरंत उठना शुरू कर देता है। यह पहले या दूसरे प्रयास में गिर सकता है, लेकिन कुछ ही क्षणों में यह खड़ा हो जाता है, भले ही पहले थोड़ा अस्थिर हो। इसमें एक-दो साल नहीं, एक-दो घंटे भी नहीं लगते-- छोटा बछड़ा चंद मिनटों में चलने लगता है! इसके लिए किसी लक्ष्य को तर्क करने की आवश्यकता नहीं है। इसके लिए न पाठ्यपुस्तक की आवश्यकता है और न ही शिक्षण की। यह सहज रूप से अपना लक्ष्य जानता है - रात का खाना! और यह सहज रूप से भी रास्ता जानता है। अपने चार पैरों पर यह तुरंत पहले भोजन के लिए आगे बढ़ता है!

मैं एक और उदाहरण देता हूं: पक्षी घोंसले का निर्माण करते हैं - वृत्ति से। उन्हें कोई नहीं सिखाता कि कैसे। बुनकर पक्षियों की पांच पीढ़ियों, घोंसलों या घोंसले के निर्माण सामग्री से अलग, ने कभी घोंसला नहीं देखा। जब घोंसला बनाने की सामग्री को सुलभ बनाया गया, तो छठी पीढ़ी बिना किसी निर्देश के घोंसले बनाने के लिए आगे बढ़ी! वे कौवे के घोंसले या चील के घोंसले नहीं थे। वे उसी तरह के घोंसले थे जो बुनकर पक्षियों ने सृष्टि के समय से बनाए हैं। उनके पास एक अलग तरह के

घोंसले के बारे में सोचने, कल्पना करने, डिजाइन करने और निर्माण करने का कोई दिमाग नहीं था।

बेशक कुत्तों, घोड़ों, हाथियों, डॉल्फ़िन और कुछ अन्य जानवरों को कुछ चालें करने के लिए सिखाया और प्रशिक्षित किया जा सकता है। लेकिन वे तर्क, कल्पना, सोच, योजना, डिजाइन और नई और अलग चीजों का निर्माण नहीं कर सकते। वे ज्ञान प्राप्त नहीं करते हैं, त्रुटि से सत्य का अनुभव नहीं करते हैं, निर्णय लेते हैं, और अपने स्वयं के विवेकपूर्ण ज्ञान और निर्णयों के अनुसार आत्म-अनुशासन का प्रयोग करने की इच्छा को नियोजित करते हैं। वे नैतिक और आध्यात्मिक चरित्र विकसित नहीं कर सकते। लेकिन इंसानों के लिए यह इतना आसान नहीं है। मनुष्य को सीखना है, या सिखाया जाना है। मनुष्य को चलना, बोलना, खाना-पीना सीखना होगा। हम इन बुनियादी उपलब्धियों को सहज और तुरंत गूंगे जानवरों की तरह नहीं पाते हैं। इसमें थोड़ा और समय लग सकता है। यह थोड़ा कठिन हो सकता है। लेकिन हम पढ़ना, लिखना और "अंकगणित" सीखना जारी रख सकते हैं!

तब हम और आगे बढ़ सकते हैं, और साहित्य, संगीत, कला की सराहना करना सीख सकते हैं। हम सोचना और तर्क करना, एक नए विचार की कल्पना करना, योजना बनाना, डिजाइन करना, निर्माण करना सीख सकते हैं।

हम प्रयोग की जांच कर सकते हैं, दूरबीनों का आविष्कार कर सकते हैं और बाहरी अंतरिक्ष और दूर के ग्रहों, सितारों और आकाशगंगाओं के बारे में कुछ सीख सकते हैं। हम सूक्ष्मदर्शी का आविष्कार करते हैं और पदार्थ के अतिसूक्ष्म कणों के बारे में सीखते हैं। हम बिजली, भौतिकी और रसायन विज्ञान के नियमों के बारे में सीखते हैं। हम किसी भी जानवर की तुलना में पहिया का उपयोग करना, राजमार्ग बनाना और जमीन पर तेजी से लुढ़कना सीखते हैं। हम किसी भी पक्षी की तुलना में ऊंची, दूर और तेज उड़ान भरना सीखते हैं। हम सीखते हैं कि प्रकृति को अलग कैसे करना है और इसे हमारे लिए कैसे काम करना है। हम परमाणु ऊर्जा की खोज और उपयोग करते हैं।

लेकिन हमें सीखना होगा - अध्ययन करना - शिक्षित होना - जो हम करने का प्रस्ताव करते हैं उसके लिए तैयार रहना।

पहली चीज़ जो हमें सीखने की ज़रूरत है, वह यह है कि हमें सीखने की ज़रूरत है! एक बार जब आप एक लक्ष्य चुनने के लिए पर्याप्त सीख लेते हैं, तो उस लक्ष्य को सफलतापूर्वक पूरा करने की दिशा में दूसरा कदम है - अतिरिक्त शिक्षा, प्रशिक्षण, अनुभव प्राप्त करना, आपको अपने लक्ष्य को प्राप्त करने के लिए जानकारी देना।

अधिकांश लोग कोई निश्चित लक्ष्य निर्धारित करने में असफल होते हैं। कोई विशिष्ट लक्ष्य न होने के कारण, वे अपने उद्देश्य की प्राप्ति को संभव बनाने के लिए विशेष शिक्षा की उपेक्षा करते हैं।

मूल तीसरा नियमः अच्छा स्वास्थ्य/GOOD HEALTH

अच्छा स्वास्थ्य अपने आप में एक अंत के बजाय व्यापक समाज में किसी व्यक्ति के कार्य का समर्थन करने का एक संसाधन है। एक स्वस्थ जीवन शैली अर्थ और उद्देश्य के साथ पूर्ण जीवन जीने का साधन प्रदान करती है।

समय के क्रम में आने वाला सबसे महत्वपूर्ण कानून अच्छा स्वास्थ्य है। हम भौतिक प्राणी हैं। मन और शरीर सबसे अद्भुत भौतिक तंत्र है जिसे हम जानते हैं। लेकिन मनुष्य पदार्थ से बना है। वह जैविक, रासायनिक रूप से कार्य करने वाले अस्तित्व के 16 तत्व हैं। वह हवा की सांस से जीता है - जो कि LIFE की ही सांस है। यदि धौंकनी जिसे हम फेफड़ा कहते हैं, यदि सांस अंदर नहीं लेती और ऑक्सीजन युक्त हवा छोड़ती है, तो मनुष्य किसी भी लक्ष्य को प्राप्त करने के लिए जीवित नहीं रहेगा। तुम मौत से सिर्फ एक दिल की धड़कन दूर हो! जैसे फेफड़े हवा को अंदर और बाहर पंप करते हैं, वैसे ही हृदय नसों और धमनियों की एक जटिल प्रणाली के माध्यम से रक्त पंप करता है। इन्हें भोजन और पानी द्वारा समर्थित होना चाहिए। और इसलिए मनुष्य वही है जो वह खाता है। कुछ सबसे प्रसिद्ध चिकित्सकों और सर्जनों ने कहा है कि सभी बीमारियों और बीमारियों का 90% से 95% दोषपूर्ण आहार से आता है!

अधिकांश लोग इस तथ्य से पूरी तरह से अनजान हैं कि इससे फर्क पड़ता है कि हम क्या खाते हैं! अधिकांश लोगों और समाज के रीति-

रिवाजों ने तालू के लिए अच्छा स्वाद लेने वाले खाने के एक नियम का पालन किया है। वयस्क बच्चे बड़े हो जाते हैं। नौ महीने के बच्चे को देखें। जो कुछ उसके हाथ में आता है वह उसके मुँह में जाता है! आपको लगता है कि नौ महीने के बच्चों की तुलना में वयस्कों ने वास्तव में कोई बेहतर सीखा है?

बेशक स्वास्थ्य के और भी नियम हैं- पर्याप्त नींद, व्यायाम, भरपूर ताजी हवा, साफ-सफाई और उचित उन्मूलन, सही सोच, स्वच्छ जीवन।

सबसे महत्वपूर्ण चौथा नियमः करना या चलाना /DOING OR DRIVE

हो सकता है कि किसी व्यक्ति ने अपना लक्ष्य चुन लिया हो। इसके होने से इसे हासिल करने की जबरदस्त महत्वाकांक्षा पैदा हो सकती है। हो सकता है कि उसने अपनी उपलब्धि के लिए खुद को शिक्षित और प्रशिक्षित करना शुरू कर दिया हो, और उसका स्वास्थ्य भी अच्छा हो और फिर भी उसकी प्राप्ति की दिशा में बहुत कम या कोई प्रगति न हो।

आखिर सफलता ही सिद्धि है। वे कहते हैं कि कोई भी पुरानी मरी हुई मछली नीचे की ओर तैर सकती है, लेकिन तैरने के लिए उसे जीवित रहना पड़ता है। एक निष्क्रिय व्यक्ति पूरा नहीं करेगा। सिद्धि कर रही है।

इसलिए, चौथा सफलता-नियम DRIVE है!

आधा-अधूरा प्रयास व्यक्ति को उसके लक्ष्य की ओर ले जा सकता है, लेकिन यह उसे उस तक पहुँचने के लिए कभी भी पर्याप्त नहीं होगा। आप हमेशा पाएंगे कि किसी भी बढ़ते, सफल संगठन का कार्यकारी प्रमुख 'ड्राइव' को नियोजित करता है! वह खुद पर लगातार ठेस लगाता है। वह न केवल खुद को चलाता है, वह अपने नीचे के लोगों को भी चलाता है, अन्यथा वे पिछड़ सकते हैं, निराश हो सकते हैं और स्थिर हो सकते हैं। वह नींद से भरा हुआ महसूस कर सकता है, और सुबह उठने और उठने से नफरत करता है। लेकिन वह इस आवेग में देने से इंकार कर देता है।

किसानों के लिए व कई अन्य श्रेणी के लोगों के लिए भी यह सच है कि सफल होने के लिए, जल्दी उठना चाहिए और देर तक काम करना

चाहिए, और उसे ड्राइव करना चाहिए। यही एक कारण है कि बहुत लोग तो दूसरों के लिए काम करते हैं। वे खुद पर भरोसा नहीं कर सकते - उन्हें एक और ऊर्जा और उद्देश्य से प्रेरित होना चाहिए। ऊर्जा, ड्राइव, निरंतर प्रणोदन के बिना, एक व्यक्ति को कभी भी वास्तव में सफल होने की उम्मीद नहीं करनी चाहिए।

ये चार कानून जितने महत्वपूर्ण हैं, उतने ही काफी नहीं हैं। जीवन लगातार खतरों, बाधाओं, अप्रत्याशित समस्याओं या असफलताओं का सामना करता है। आप सही समय पर आगे बढ़ रहे होंगे, कहीं से एक अप्रत्याशित जटिलता आती है। अचानक कोई ऐसी परिस्थिति उत्पन्न हो जाती है जो आपको पूरी तरह से रोक देती है, या कम से कम आपको पीछे कर देती है।

आपातकालीन पाँचवाँ नियम: *संसाधन*/RESOURCEFULNESS

साधन संपन्नता बाधाओं और बाधाओं का सामना करने के लिए चीजों को प्राप्त करने के बारे में है। इसका मतलब है कि आपके सामने क्या है और आपके पास जो है उसे अनुकूलित करना, चाहे आप कुछ नया कर रहे हों या बस कुछ बेहतर करने के बारे में सोच रहे हों।

जब जटिलताएँ, बाधाएँ, अप्रत्याशित परिस्थितियाँ आपके मार्ग को अवरुद्ध करती हुई दिखाई दें, तो आपको समस्या को हल करने, बाधा को दूर करने और अपने पाठ्यक्रम पर जारी रखने के लिए संसाधन से लैस होना चाहिए।

सफल होने के लिए, आपको क्षमता, और आदत को विकसित करने की आवश्यकता है, फिर भी उच्च तनाव पर कार्रवाई करने के लिए, सही निर्णय पर पहुंचने और फिर उस पर कार्य करने के लिए छलांग लगाने की!

और अब कोई निश्चित रूप से यह सोचेगा कि ये पांच संसाधन परम सफलता की गारंटी के लिए आवश्यक होने चाहिए।

महत्वपूर्ण छठा नियम: दृढ़ता PERSEVERANCE

दृढ़ता, विशेष रूप से कठिनाइयों, बाधाओं या निराशा के बावजूद और कुछ नहीं बल्कि कार्रवाई, एक उद्देश्य, एक अवस्था, आदि में स्थिर दृढ़ता है, ।

धर्मशास्त्र में, दृढ़ता अंत तक अनुग्रह की स्थिति में निरंतरता है, जो अनन्त मोक्ष की ओर ले जाती है।

सरल शब्दों में दृढ़ता कठिनाइयों, असफलता या विरोध के बावजूद कुछ करने या हासिल करने का निरंतर प्रयास है: क्रिया या स्थिति या दृढ़ता का एक उदाहरण: दृढ़ता: वह गुण जो किसी को कठिन होने पर भी कुछ करने की कोशिश जारी रखने की अनुमति देता है।

किसी भी उम्र के लोगों के विकास के लिए दृढ़ता बहुत महत्वपूर्ण है क्योंकि जीवन चुनौतियों से भरा है और दृढ़ता वह है जो आपको कठिनाइयों से गुजरने में मदद करती है जो आप चाहते हैं।

दृढ़ता के बिना, आपने अपना काम पूरा नहीं किया होता, या आपने अपना सर्वश्रेष्ठ काम नहीं किया होता। दृढ़ता के बिना, जीवन में आपके ग्रेड को नुकसान होता। दृढ़ता के बिना आपने वह नहीं सीखा होगा जो आपको सीखने के लिए आवश्यक है, और यह अगले स्तर को और भी कठिन बना सकता है।

इसलिए यह निष्कर्ष निकाला जा सकता है कि दृढ़ता सफलता की कुंजी है क्योंकि अधिक से अधिक विशेषज्ञ तर्क दे रहे हैं कि दृढ़ता, अन्य प्रदर्शन मूल्यों के साथ, राभी की भविष्य की सफलता के लिए आवश्यक है।

अनदेखी किया गया सातवां कानून: भगवान/GOD

मैंने इस सबसे महत्वपूर्ण सातवें कानून को समझाने के लिए आखिरी तक सुरक्षित रखा है। लेकिन कम से कम होने से बहुत पहले, यह महत्वपूर्ण है! मैंने इसे अब तक धारण किया है क्योंकि 1) यह आखिरी है जिसे लोग स्वीकार करेंगे और लागू करेंगे; और 2) वास्तविक सफलता को संभव बनाने में प्रथम होने के नाते, मैं इसे अंत में बताना चाहता हूं ताकि यह पाठक के दिमाग में अंकित रहे। गंभीर बीमारी होने पर लोग डॉक्टर को बुलाते हैं। अधिकांश लोगों के लिए मानव पेशेवर ज्ञान और कौशल पर भरोसा करना स्वचालित है - भौतिक दवाओं, दवाओं और चाकू पर। लेकिन अंत में, जब उपस्थित चिकित्सक - शायद सहयोग में बुलाए गए विशेषज्ञों के साथ - गंभीर रूप से अपना सिर हिलाता है और कहता है कि चिकित्सा विज्ञान अब कुछ और नहीं कर

सकता - यह अब एक उच्च शक्ति के हाथों में है - तब, अंत में लोग सख्ती से निर्माता भगवान के लिए चिल्लाते हैं क्या यह संभव है कि परमेश्वर किसी के जीवन की सफलता या असफलता को निर्धारित करने में एक कारक हो सकता है? कुछ लोगों ने ऐसा सोचा है।

लोग अपने पूरे जीवन में ईश्वरीय मार्गदर्शन और सहायता के किसी भी विचार को अनदेखा कर देंगे - फिर भी अगर किसी को समुद्र के बीच में एक जहाज़ की तबाही के बाद खुद को एक भोजनहीन और पानी रहित बेड़ा पर देखना चाहिए, तो यह उल्लेखनीय है कि वह कितनी जल्दी विश्वास करना शुरू कर देगा कि वास्तव में एक भगवान है ! अंतिम उपाय की हताशा में अधिकांश लोग उसे पुकारेंगे, जिसे उन्होंने अनदेखा किया है, उसकी अवज्ञा की है, और जीवन भर शून्य कर दिया है। क्या यह स्वयंसिद्ध नहीं होगा कि, यदि कोई करुणामय उपकार करने वाला सृष्टिकर्ता अंतिम उपाय के रूप में हमें आपातकालीन सहायता देने के लिए तैयार और इच्छुक है, तो उसका मार्गदर्शन और हमेशा मदद माँगना अधिक समझदार होता? फिर भी कुछ ने धन अर्जित किया है, विलासिता से जीवन व्यतीत किया है, और फिर, अचानक सब कुछ खोकर, अंततः अपने आर्थिक संकट में भगवान की ओर मुड़ गए। अन्य ने आत्महत्या कर ली है। ऐसा लगता है कि कुछ लोग अपने निर्माता और जीवन-रक्षक पर तब तक भरोसा करेंगे जब तक कि वे असहाय और सख्त जरूरत महसूस न करें। फिर भी अक्सर मकसद स्वार्थी होता है।

फिर भी, अगर हमें जीवन की अच्छी चीजों का आनंद लेना है - भय और चिंताओं से मुक्ति, मन की शांति, सुरक्षा, सुरक्षा, खुशी, प्रचुर भलाई - उनकी आपूर्ति का स्रोत महान ईश्वर है! चूँकि सब कुछ उसी से आता है, तो क्यों न शुरू से ही स्रोत का दोहन किया जाए? लेकिन हमारे आधुनिक विज्ञान, परिष्कार और घमंड के समय में, एक निर्माता पर विश्वास करना फैशनेबल नहीं रहा है।

पहले कानून को फिर से देखें, जैसा कि इस धोखेबाज दुनिया में सूचीबद्ध किया गया है, आधुनिक शिक्षा में भगवान के ज्ञान को बहुत कम या कोई स्थान नहीं मिला है। सफलता का सर्व-महत्वपूर्ण सातवां नियम, फिर भी, प्रभु के साथ संपर्क, और मार्गदर्शन और निरंतर

सहायता है! और जो व्यक्ति इस सबसे महत्वपूर्ण सातवें नियम को अंतिम रूप देता है, वह शायद अंत में अपने जीवन को असफलता की ओर ले जा रहा है। यहाँ पहले महत्व का क्यों। यह केवल एक लक्ष्य चुनना नहीं है - कोई लक्ष्य। यह किसी के जीवन-लक्ष्य को सही लक्ष्य के रूप में स्थापित कर रहा है।

इस दुनिया के सभी "सफल" लोगों के लक्ष्य थे। लेकिन उनके लक्ष्यों ने भौतिक अंत की ओर अग्रसर किया। उन्होंने घमंड, प्रतिष्ठा का गौरव, भौतिक अधिग्रहण, शारीरिक गतिविधियों और गतिविधियों में खुशी की तलाश की। उन्होंने लोगों की स्वीकृति मांगी। लेकिन लोग इंसान हैं, और उनका जीवन अस्थायी है। भौतिक वस्तुएं भी स्थायी नहीं होती हैं, लेकिन जब तक अनुपयोगी होने के लिए भेजी जाती हैं तब तक मोम पुरानी हो जाती हैं।

दुनिया में सफल होने वाले लोगों के मुख्य लक्ष्य आमतौर पर दो होते हैं: घमंड - स्थिति की इच्छा; और भौतिक वस्तुओं के साथ पैसा जो वह खरीदेगा। लेकिन खुशी भौतिक नहीं है, और पैसा इसका स्रोत नहीं है।

अरे हाँ, निश्चित रूप से सुख थे, उत्साह के क्षण, आनंद के काल। कभी-कभार रोमांच, आनंद की अस्थायी अनुभूतियाँ होती थीं। लेकिन हमेशा उनके बाद अवसाद के दौर आते थे। हमेशा एक कुतरने वाली आंतरिक आत्मा-भूख लौट आई। इसने बदले में उन्हें भौतिक सुखों और लीलाओं के संसार के चक्कर में एक हजार एक घटना में संतुष्टि की तलाश करने के लिए प्रेरित किया। फिर भी इनने कभी रिक्तता नहीं भरी। उन्होंने वास्तविक आंतरिक भूख को कभी संतुष्ट नहीं किया। इन लोगों को शायद इसका एहसास नहीं था, लेकिन भूख आध्यात्मिक थी। और आध्यात्मिक भूख भौतिक भोजन से कभी संतुष्ट नहीं होती है!

इस दुनिया के "सफल" लोगों ने सफलता के छह कानूनों को लागू किया। लेकिन उन्होंने भगवान को तस्वीर से बाहर कर दिया, और वास्तविक सफलता की खुशी को अपने जीवन से बाहर कर दिया।

ऐसा आज पता चलता है, हम कैसे और क्यों बने थे? हम इंसान क्या हैं और हम क्यों हैं? हमें ज्ञान की इन बुनियादी बातों की अज्ञानता में क्यों रहना चाहिए?

दो बुनियादी और महत्वपूर्ण तथ्यों की अनदेखी की जाती है:

1) जबकि मनुष्य को एक भौतिक प्राणी बनाया गया था, जमीन की धूल से, भौतिक भोजन खाने और भौतिक पानी पीने से, उसे आध्यात्मिक भोजन की आवश्यकता के लिए, और भगवान की आत्मा के "जीवित जल" पीने के लिए भी बनाया गया था। इन आध्यात्मिक आवश्यकताओं के बिना मनुष्य सही मायने में और लगातार खुश नहीं रह सकता। और कुछ भी वास्तव में संतुष्ट नहीं करता है।

2) सनातन सृष्टिकर्ता, जिसने हमें अपनी समानता में बनाया, वह सभी का निर्माता है। मनुष्य को जीवन को निरंतर और प्रचुर मात्रा में संतोषजनक बनाने के लिए जो कुछ भी चाहिए वह उसी की ओर से आना चाहिए।

जीवन के उद्देश्य और अर्थ और सफलता के नियमों को सारांशित करते हुए, हमें मूल प्रश्न की जांच करनी होगी; जीवन का उद्देश्य? आखिर क्या जीवन का कोई उद्देश्य है?

यदि हमें यहाँ एक निर्माता द्वारा रखा गया होता, तो क्या वह हमें बिना किसी कारण के यहाँ रखता? और मन और शक्ति के साथ एक निर्माता जो मानव मन और शरीर का निर्माण और निर्माण कर सकता था, वह अपने उद्देश्य को पूरा करने के लिए आवश्यक हर उपकरण, सामग्री और सुविधा को मनुष्यों के लिए उपलब्ध कराने में विफल नहीं हो सकता था!

निःसंदेह परमेश्वर से कटे हुए मनुष्यों को उस प्रयोजन का कोई ज्ञान नहीं है। क्योंकि ज्ञान भौतिक नहीं, आध्यात्मिक ज्ञान है। और आध्यात्मिक चीजों को देखा नहीं जा सकता - न ही सुना, महसूस किया, सूंघा या चखा। आध्यात्मिक ज्ञान केवल रहस्योद्घाटन द्वारा प्रेषित किया जा सकता है। और इस दुनिया ने रहस्योद्घाटन को खारिज कर दिया है। आवश्यकता के निर्माता से कटे हुए पुरुष आध्यात्मिक रूप से अंधे और अज्ञानी हैं, अंधेरे में टटोलते हैं। इसलिए वे उचित उपकरण, सामग्री और सुविधाओं को जब्त करने में विफल रहते हैं।

यह परम संभावित नियति ही एकमात्र सच्चा लक्ष्य है। तुम्हारे जिंदा रहने की वजह है! यही कारण है कि आप पैदा हुए थे!

जिन्होंने काम किया है, प्रयास किया है, किसी अन्य लक्ष्य के लिए संघर्ष किया है, वे अपना जीवन बर्बाद कर रहे हैं - शून्य के लिए जी रहे हैं! वे, वास्तव में, कहीं नहीं जा रहे हैं! और कितने, जब से मनुष्यों को यहां पृथ्वी पर रखा गया था, वास्तव में बहुत कम उस उद्देश्य को जानते हैं - जीवन का एक सही लक्ष्य?

वह समय जब हमें दिव्य, मार्गदर्शन, ज्ञान और सहायता की आवश्यकता होती है, वह बहुत शुरुआत में होता है - उस समय जब एक युवा पुरुष या महिला उस सही लक्ष्य को चुनती है। ईश्वरीय मार्गदर्शन के बिना हमेशा गलत लक्ष्य निर्धारित किया जाता है।

इसलिए कम से कम ज्ञान और भौतिक वस्तुओं वाले गरीब लोग सबसे ज्यादा खुश दिखाई देते थे। दरअसल वे खुश नहीं थे। वे केवल कम असंतुष्ट थे। वे गलत दिशा में उतनी आगे नहीं बढ़े थे जितने कि वे लोग जो ठगी से और व्यर्थ में खुद को अपना अधिक बुद्धिमान मानते थे!

जीवन का एक उद्देश्य होता है। परमेश्वर ने मनुष्य के लिए हर खुशी, सुरक्षा, और अच्छी चीज जो वह चाहता है, उत्पन्न करने के लिए वास्तविक, कठोर गति निश्चित नियमों को निर्धारित किया है - जीवन का वह तरीका जो हमारे अस्तित्व के लिए परमेश्वर के उद्देश्य को पूरा करेगा!

तो फिर वह उद्देश्य क्या है जिसके लिए हमें यहाँ रखा गया है? इसमें से, मानव जाति पूरी तरह से सभी विचार खो चुकी है। हमारे समय की झूठी भौतिक अवधारणाओं पर आध्यात्मिक रूप से नशे में धुत लोगों के लिए, उस उद्देश्य का कथन अजीब, बेतुका और असंभव प्रतीत होगा। यह इस अंधी दुनिया में मानवता द्वारा कल्पना की गई किसी भी चीज़ को इतना दूर कर देता है कि उसका कथन इतना महान साबित होगा कि उसे समझा और स्वीकार किया जा सकता है।

परमेश्वर ने हमारे सामने दो मार्ग रखे हैं। एक, उसका तरीका, उन सभी अच्छी चीजों का कारण जो आप यहां और अभी चाहते हैं, साथ ही वास्तविक सफलता में शाश्वत जीवन हमेशा के लिए। दूसरा, आत्म-केंद्रितता का मार्ग, घमंड, लालच, ईर्ष्या - जिस तरह से मानव जाति चली गई है, भगवान और उसके कानून के खिलाफ विद्रोह में वह रास्ता

जो सभी दुखों, दुखों, बुराइयों का कारण बनता है और मृत्यु में समाप्त होता है। और परमेश्वर आपको चुनने के लिए विवश करता है!

फिर भी वह आपको वह रास्ता चुनने की आज़ा देता है जो वास्तविक सफलता की ओर ले जाता है। वह परम सच्ची सफलता एक ऐसी चीज है जिसे आप स्वयं प्राप्त नहीं कर सकते। आपके पास जिस घटक की कमी है वह है मार्गदर्शन, परमेश्वर की शक्ति और आत्मा।

आपको निर्णय लेना चाहिए। आपको यह सही GOAL सेट करना होगा। आपको अपनी इच्छा निर्धारित करनी होगी। आपको अपना पूरा प्रयास खर्च करना होगा। आपको आध्यात्मिक रूप से काबू पाने, बढ़ने और विकसित होने और इसके साथ बने रहने के लिए काम करना चाहिए। फिर भी ईश्वर सभी महत्वपूर्ण सामग्री की आपूर्ति करता है - उसकी शक्ति, उसका प्रेम, उसका विश्वास - उसका मार्गदर्शन।

संक्षेप में, मैं कहूँगा कि "उस पर विश्वास करो और वह तुम्हें तुम्हारे हृदय की अभिलाषाएँ देगा।"

ग्रन्थसूची / Bibliography

अध्याय 2

[1] कॉमन सेंस एथिक्स: द एंशिएंट ग्रीक्स गॉट हैप्पीनेस राइट: 3 स्टेप्स टू यूडिमोनिया

https://www.commonsenseethics.com/blog/have-we-got-happiness-all-wrong-3-steps-to-eudaimonia

[2] द गार्जियन: निंदक की प्रशंसा में

https://www.theguardian.com/world/2013/jul/10/in-praise-of-cynicism

[3] डॉ. एसके सचान, ह्यूमन लिबर्टी एंड रिस्पॉन्सिबिलिटी इन एक्ज़िस्टेंशियलिज़्म (अस्तित्ववाद में मानव स्वतंत्रता और जिम्मेदारी: ईश्वरवादी और नास्तिक अस्तित्ववादी), नोशनप्रेस, चेन्नई, 2021

[4] स्टैनफोर्ड इनसाइक्लोपीडिया ऑफ फिलॉसफी: अस्तित्ववाद https://plato.stanford.edu/entries/existentialism/

[5] टेड विचार: खुशी पर सबसे लंबे समय तक चलने वाले अध्ययन से 4 पाठ https://ideas.ted.com/4-lessons-from-the-longest-running-study-on-happiness/

[6] जे पर्स: जीवन में अर्थ, सामाजिक और उपलब्धि की घटनाओं और दैनिक जीवन में सकारात्मक और नकारात्मक प्रभावों के बीच संबंध। https://www.ncbi.nlm.nih.gov/pubmed/24749860

[7] नोबेल पुरस्कार: कोनराड लोरेंज जीवनी

https://www.nobelprize.org/prizes/medicine/1973/lorenz/biographical/

[8] ब्रिटिश राष्ट्रीय स्वास्थ्य सेवा: मानसिक स्वास्थ्य के लिए पांच कदम

https://www.nhs.uk/conditions/stress-anxiety-depression/improve-mental-wellbeing/

[9] डेरियस फॉरौक्स: द पर्पस ऑफ लाइफ

https://medium.com/darius-foroux/the-person-of-life-is-not-happiness-its-usefulness-65064d0cdd59

[10] जीवन की पुस्तक: जीवन का अर्थ क्या है?
https://www.theschooloflife.com/thebookoflife/the-meaning-of-life/

[11] डॉ. पॉल टी.पी. वोंग: अस्तित्वपरक सकारात्मक मनोविज्ञान
http://www.drpaulwong.com/existential-positive-psychology/

अध्याय 3

[1] कौरसेरा एजुकेशन के माध्यम से अपनी पुस्तक "लाइफ ऑन पर्पस"* पर आधारित, डॉ विक्टर स्ट्रेचर, प्रोफेसर, स्कूल ऑफ पब्लिक हेल्थ एंड मेडिसिन, मिशिगन विश्वविद्यालय द्वारा ऑडियो-वीडियो और ऑनलाइन व्याख्यान।

[2] डॉ. वी. स्ट्रेचर, लाइफ ऑन पर्पस*: हाउ लिविंग फॉर व्हाट मैटर्स मोस्ट चेंजेस एवरीथिंग। (हार्पर वन, 2016)

[3] डॉ. विक्टर स्ट्रेचर, टेडएक्स-ट्रैवर्स सिटी, वार्ता- "उद्देश्य पर जीवन: आप ट्यूब चैनल के माध्यम से सबसे ज्यादा क्या मायने रखता है" के लिए जीवन (2 साल पहले)

अध्याय 4

[1] एफ. नीत्शे, "दस स्पेक जरथुस्त्र" (1881)

[2] ए कैमस, द मिथ ऑफ सिसिफस एंड अदर एसेज (न्यूयॉर्क: विंटेज इंटरनेशनल, 1991)

[3] ए कैमस, प्रतिरोध, विद्रोह, और मृत्यु, ट्रांस। जस्टिन ओ'ब्रायन, फर्स्ट विंटेज बुक्स एडिशन (न्यूयॉर्क: रैंडम हाउस, 1974)

[4] एस. कीर्केगार्ड, द जर्नल्स ऑफ़ कीर्केगार्ड 1834-1854, ट्रांस. और एड. अलेक्जेंडर ड्रू (फोंटाना: 1958), 44, गिलेली से, 1 अगस्त, 1835)

अध्याय 5

[1] कौरसेरा एजुकेशन के माध्यम से अपनी पुस्तक "लाइफ ऑन पर्पस" पर आधारित, डॉ विक्टर स्ट्रेचर, प्रोफेसर, स्कूल ऑफ पब्लिक

हेल्थ एंड मेडिसिन, मिशिगन विश्वविद्यालय द्वारा ऑडियो-वीडियो और ऑनलाइन व्याख्यान।

[2] डॉ विक्टर स्ट्रेचर, टेडएक्स-यू ऑफ एम- ऑन पर्पस, यू ट्यूब चैनल के माध्यम से (7 साल पहले)

[3] डॉ. विक स्ट्रेचर, एम पब्लिक हेल्थ- टॉकिंग ऑन पर्पस थ्रू यू ट्यूब चैनल (7 साल पहले)

अध्याय 6

[1] ई. दुर्खीम, सुसाइड (1897)

[2] एस डी बेवॉयर, द कमिंग ऑफ एज (न्यूयॉर्क: नॉर्टन एंड कंपनी, 1970)

अध्याय 7

हर्बर्ट डब्ल्यू आर्मस्ट्रांग द्वारा सफलता के सात नियम, एंबेसडर कॉलेज प्रेस, पासाडेना, कैलिफ़ोर्निया, यू.एस.ए द्वारा 1961 में प्रकाशित (पीपी 30,32,42,48,49,50,53,56-57)